工作的智慧

GONG ZUO DE ZHI HUI

生存离不开智慧，工作离不开智慧。

工作是生命的载体。
选择了一种工作，
就是选择了一种生活方式。

张 勇 ◎ 著

智慧是人生经验的综合，一个优秀员工的智慧和能力，是决定其成长和发展高度的要素。

中国商业出版社

图书在版编目（CIP）数据

工作的智慧 / 张勇著. -- 北京：中国商业出版社，2013.8
ISBN 978-7-5044-7984-6

Ⅰ. ①工… Ⅱ. ①张… Ⅲ. ①成功心理－通俗读物②工作方法－通俗读物 Ⅳ. ①B026-49

中国版本图书馆CIP数据核字（2013）第220958号

责任编辑：陈鹰翔

中国商业出版社出版发行
010-63180647　　www.c_cbook.com
（100053　北京广安门内报国寺1号）
新华书店总店北京发行所经销
三河陆桥质检印务有限公司

*

720×1000毫米　16开　15印张　200千字
2014年1月第1版　2014年1月第1次印刷
定价：29.80元

****

（本书若有印装质量问题，请与发行部联系调换）

前言

智慧工作创造辉煌业绩

生存离不开智慧，工作离不开智慧。智慧是人生经验的综合，一个优秀员工的智慧和能力，是决定其成长和发展高度的要素，一个具有智慧的优秀员工，可以创造若干倍高于普通员工的业绩。有智慧才有业绩，有智慧才能创造成功。

同样的工作，有些人只懂得勤勤恳恳、循规蹈矩，终其一生亦成就不大；而聪明的人却在努力寻找一种最佳的方法，在有限的条件中发挥才智的作用，将工作做到完美。同样是工作，思想老化的人年复一年，机械地重复着手边的工作，没有创意的工作让人生乏味无比。相反，会动脑子的人会借着问题，将工作上升到更高效的层面，自己也可"一劳永逸"。

工作不仅是为了满足生存的需要，同时也是实现个人人生价值的需要，一个人总不能无所事事地终老一生，应该试着将自己的爱好与

所从事的工作结合起来，无论做什么，都要乐在其中，而且要真心热爱自己所做的事。

成功乐于工作，并且能将这份喜悦传递给他人，使大家不由自主地接近他们，乐于与他们相处或共事。人生最有意义的就是工作，与同事相处是一种缘份，与顾客、生意伙伴见面是一种乐趣。

一个乐于工作，并且能将这份喜悦传递给他人，使大家不由自主地接近他、乐于与他相处或共事的人，才算得上是一个真正的成功者。一个心胸豁达的人，不会因一句严厉的批评就灰心丧气；一个明快爽朗的人，不会因一个无心的误会就耿耿于怀；一个意志坚定的人，不会因一时的挫折就心灰意冷；一个乐于助人的人，不会因一己之私而对他人的利益熟视无睹。当你做到了这些，你就会成为一个真正快乐的人，并且你很可能会成为一个成功的人。

微软公司前董事长比尔·盖茨说：如果只把工作当作一件差事，或者只将目光停留在工作本身，那么即使是从事你最喜欢的工作，你依然无法持久地保持对工作的激情。但如果你把工作当作事业来看待，情况就会完全不同。

罗斯·金说："只有通过工作，才能保证精神的健康；在工作中进行思考，工作才是件快乐的事。两者密不可分。"

张其金也指出："只有通过工作，我们才能全身心地投入到工作，才能开启潜藏于大脑深处的智慧，才能用智慧创造辉煌的业绩。"

如果你轻视厌烦你的工作，有的时候甚至还中伤你的上司，那为什么不把工作辞去呢？也许当你置身事外，你就会以一种更加客观和

前言　智慧工作创造辉煌业绩

理性的态度来审视自己。但我还是希望：当你身处某一机构时，不要诽谤和伤害它。你在贬低你所就职的公司的同时，也在贬低你自己。

如果在工作中能够对上司充满感激之情，你会发现自己活得很充实、快乐，这样，工作就变成了乐趣。

任何公司都面临着一个在不断成熟、不断发展的大环境，员工的学习和创新就显得尤其重要，勤奋学习的人才能够超越别人。一个公司的生存与发展，在很大程度上取决于员工的素质，员工要在做好本职工作的基础上锻造良好的素质，就必须要不断学习，而公司就是一所很好的学校。

公司的发展，给每个人都创造了均等的机会，每个积极向上的员工都要具备自觉学习和自我批判的能力，既要学习工作技能，又要在实践中提高自身素质。在公司这所学校里，你可以学到先进的管理经验、经营技巧、工作技巧以及如何处理人际关系等，这些都是你以前在课本里很难学到的东西，可以说会成为你的一笔宝贵的财富。员工一定要有学习的能力和意识，在学习的过程中要有灵性和悟性。有些员工甚至学历很低，但是他却在不断地学习，做出了非常优异的成绩，在公司中提拔很快，并担任了一些重要职位。

马丁·路德·金曾说过："如果一个人是清洁工，那么他就应该像米开朗基罗绘画、贝多芬谱曲、莎士比亚写诗那样，以同样的心情来清扫街道。他的工作如此出色，以至于天空和大地的居民都会对他注目赞美：'瞧，这儿有一位伟大的清洁工，他的活儿干得真是无与伦比！'"

这就是智慧工作的秘密！

目录

第一章 智慧地工作

> 工作是我们赖以生存与发展的基础，工作也是我们的天职，当我们努力地工作并认识到工作就是为自己的人生而奋斗时，那么，我们已经得到了最幸福、快乐的人生。

智慧工作是永恒的制胜法宝 …………………… 3
智慧使你明智地工作 …………………………… 6
拥有智慧使你坚持不懈地工作 ………………… 11
把工作做到最好是一种智慧 …………………… 14
想到就要去做 …………………………………… 18
工作靠自己把握 ………………………………… 24
走出工作的衰退期 ……………………………… 28
保持对工作新鲜感 ……………………………… 31
命运掌握在自己手中 …………………………… 34
绝不向命运低头 ………………………………… 39

第二章　低调做人，高调工作

> 低调做人，高调做事，就是把自己调整到以一个合理的状态去踏踏实实做人、处理人际关系、做好事，就是树立信念、敢想敢拼、以诚待人、公正处事、努力学习、成熟思考、积极行动、持之以恒。表现在工作上，就是虚心待人，隐藏锋芒，高质量完成任务，不断用高标准要求自己。

隐藏锋芒，低调做人 …………………………… 47
高质高量，高调做事 …………………………… 51
不要降低自己的标准 …………………………… 56
对工作要有高标准 ……………………………… 60
掌握衡量工作的标准 …………………………… 64

第三章 智慧工作从节约开始

> 在市场以及职业竞争日益激烈的今天，节约已不仅仅是一种美德，更是一种成功的资本、一种企业的竞争力。能够有效节约的企业，会在市场中游刃有余，脱颖而出。同样，能够自觉为企业节约的员工，也会在职场中脱颖而出。

节约是一种品质 …………………………………… 71
节约是一种认真的态度 …………………………… 75
培养节俭的美德 …………………………………… 79
养成节省的习惯 …………………………………… 84
节省每一分钱 ……………………………………… 88
树立员工的节约意识，视公司如家 ……………… 94
忠诚从节约开始 …………………………………… 98
帮公司节约，为自己谋福利 ……………………… 103
节约是赢利的关键 ………………………………… 108
省下的就是赚到的 ………………………………… 111
节约的都是利润 …………………………………… 114
节约才能成为永远的赢家 ………………………… 119
拼的就是节约 ……………………………………… 123
节省出效益 ………………………………………… 131

第四章　不要为薪水工作

> 金钱只不过是一种商品，一种买卖双方都认可的交易之物，而这种交易使金钱有了生命力和意义。慷慨的施予者，不论贫富，都将用金钱为这个世界带来光明；那些锱铢必较的守财奴，也不论贫富，都将用金钱来关闭他们与外界的交流之门。做一个给予者和共享者，其他一切问题都会以某种出乎意料的方式解决。

不是为薪水而工作 …………………………… 137
为薪水工作最可悲 …………………………… 142
工作不只是为了薪水 ………………………… 147
薪水是工作价值的反映 ……………………… 152
不要为薪水而工作 …………………………… 156
能力的锻炼远比薪水重要 …………………… 160
别把金钱放在第一位 ………………………… 165
付出与报酬永远成正比 ……………………… 170
不要为了薪水而工作 ………………………… 174
不做只为薪水工作的人 ……………………… 180

第五章　工作是一种信仰

> 每个人在工作中都有一种神秘的力量,这种力量就是你对工作的信仰。这种信仰可以让你成为想成为的人物,得到你想得到的一切,实现你正为之努力的梦想,它就在你的工作中得以体现。

你在为谁工作 …………………………………… 185

为自己工作 …………………………………… 188

热爱才会工作得更好 …………………………… 191

做自己喜欢的工作 ……………………………… 195

全身心地投入工作 ……………………………… 198

正确对待自己的工作 …………………………… 202

正确对待自己的工作 …………………………… 206

工作是我们要用生命去做的事 ………………… 209

用良好的态度对待工作 ………………………… 212

出色地完成每一项工作 ………………………… 215

超越自我 ………………………………………… 219

把事情做得更好 ………………………………… 223

第一章
智慧地工作

工作是我们赖以生存与发展的基础,工作也是我们的天职,当我们努力地工作并认识到工作就是为自己的人生而奋斗时,那么,我们已经得到了最幸福、快乐的人生。

第一章 智慧地工作

智慧工作是永恒的制胜法宝

在优秀的员工看来,在某些关键的时候,成功往往就取决于一瞬间的智慧。智慧是制胜的法宝,而头脑是智慧的源泉。善于思考,从思考中获得智慧,然后巧妙地取胜,这才是真正的强者。

"智慧"二字的组成,是"日知"而"心彗"。有真正智慧的人,深知人性,了解人生,所以方能宁静淡泊以处事,忠厚仁义以待人,便成为众望所归的大好人。有真智慧的人,方能使人生真平等、真自由、真幸福、真圆满。

有一盏指路明灯,就是智慧之灯。有了智慧,便有了一切。大智慧能洞彻过去、现在和未来。

一个具有真智慧、大智慧的人,必然是献身于真理、具有良好道德的人,也是拥有内在尊严的人;与此同时,他也可能是让生活变得多姿多彩的人。因为,在他的智慧当中,既不乏小小的"花招",又包含着某种难得的童心。

不久前,曾看到这样一篇报道:

从前法国有一个很有名的喜剧演员,趁着假期到乡村里玩,在假期快结束时,他忽然接到家里由巴黎发来的急电:"家有要事,请即

刻返回。"

他准备买车票马上回去,却忽然发现口袋里的钱付了旅馆费用之后,就不够买车票回巴黎了。"怎么办呢?在这里没有朋友,又没有人认识我,谁会借钱给我呢?"他愁眉苦脸地思索。

"如果请人由巴黎寄钱来再回去,定会误了要事。"喜剧演员心里急得不得了,这会儿脸上一向挂着的开心模样,早就换上了满面愁容。

"怎么办呢?"他躺在旅馆的床上左思右想一夜没睡。第二天,他走到旅馆大厅,用充满了喜剧感的动作和旅馆人员打招呼,并且说:"马上就回来!"

走出旅馆,他掏出身上仅有的一点钱,买了两瓶便宜的酒,又寄了一封信回巴黎。然后在纸上写了几个字帖在酒瓶上之后,就拎着两瓶酒回旅馆。

回到旅馆之后,他故意让工作人员看到两瓶酒上写的字。工作人员看到这些字之后大吃一惊,趁着他不注意给当地警察打了电话。

过了一会儿,一辆警车疾驶而来,冲进旅馆将他逮捕了。按规定,所有嫌疑犯都必须马上被解送到巴黎去,喜剧演员就这样被押回了巴黎。

到底酒瓶上贴的是什么字呢?

一瓶贴着"给国王的毒药";另外一瓶贴着"给王后的毒药"。

到了巴黎之后,时常为国王演出的喜剧演员很快被释放了。

因为那封信是寄给国王的。当国王看过他寄来说明这件事情来龙去脉的信之后,不但没有生气,反而因为这巧妙的情节哈哈大笑,对他的机智聪明颇为赞赏哩!

第一章　智慧地工作

智慧是一种才能，一种人生觉悟，一种开阔的胸怀和敏锐的眼光。一个人拥有了智慧，就能够游刃有余，站在人世间的一切问题之上，成为自己的主人。

据说，生在犹太家庭里的孩子，在他们的成长过程中，负责启蒙教育的母亲，几乎都会要求他们回答一个谜团："假如，有一天，你的房子被烧了，你的财产就要被人抢光，那么，你将带着什么东西逃命？"自然大多数孩子都会想到钱，想到家中珍藏着的价值连城的钻石，可这些，显然不是母亲所要的答案。她们会进一步问："有一种没有形状，没有颜色，没有气味的宝贝，你知道是什么吗？"要是孩子回答不出来，母亲就会说："孩子，这种宝贝，也是房子着火时你应该带走的，不是钱，也不是钻石，而是智慧。因为智慧是任何人都抢不走的，只要你活着，智慧就永远跟着你。"在智慧、聪明的犹太人眼里，任何东西都是有价的，都能失而复得，只有智慧，才是揣在自己身上的无价之宝，是他们人生唯一的一枚金币，有了它，才能再去拥有其它的东西。当然，犹太人也不是从降生起，就自然而然携带着这枚金币的，但他们更懂得，怎样去铸造这枚金币。而且，据称，从他们的孩子刚刚懂事起，母亲就会将蜂蜜滴在书本上，让孩子去舔食它们，其用意是想告诉他们，智慧是最甜蜜的东西。犹太人懂得智慧的重要，让孩子从小就在智慧的海洋里遨游，让其终生受用不尽。

他们坚信，拥有智慧，可以在困境里，架起一座通向光明彼岸的桥梁，可以筑起走向成功殿堂的石阶，可以排除妨碍前进的障碍和麻烦，可以带来成功、财富和名誉。

但一位智者说："拥有财富的人，不如拥有智慧的人。有了智慧

便有了一切。"对一个人来说，智慧是幸福和财富的源泉。没有智慧的人，只会受人摆布、任人宰割，即使是属于自己的财富和幸福，也永远都掌握在别人手中；有了智慧，不但能创造出更多的财富，也能享受属于自己的幸福生活。

智慧使你明智地工作

人生最有意义的就是工作。一般而言，工作是生命的一个重要部分，人的一生中绝大部分时间都是在工作中度过的，我们除了睡眠的时间之外，三分之二的时间都花在了工作上面。工作已经与我们的生命紧紧相连，它不仅仅是我们安身立命的基础，更让我们在辛苦中体味收获的甜蜜，在奋斗的过程中体会生命的意义。我们在努力工作中为社会创造了价值，同时也实现了自我的价值。

现代人在工作上达到了废寝忘食的程度，但是在古希腊人眼里，一定会啼笑皆非，他们可能弄不懂，为什么每个人抢着当下流人，自甘为"奴隶"。

好不容易，现在人已从工作的束缚中慢慢解脱出来，但是，对于余暇社会的来临，却因为来不及准备好，而个个感到手足无措。工作的时候他们不快乐，不工作的时候他们也不见得高兴。看来，"如何

第一章 智慧地工作

乐在不工作"？恐怕是下一个世纪另一道难解之题。

对于每个人而言，人生只有一次，没有人能够例外，有的人一生过得很充实、成功，幸福和快乐也对他格外青睐，而有的人却恰恰相反。为什么会是这样呢？这主要是由一个人的智慧所决定的，你拥有多少智慧，拥有什么样的智慧，你就会拥有什么样的人生。

一个人的魅力通常是在美德和智慧之中。

美国纽约市有一个著名的植物园，每天都会吸引大批游客。人们纷纷前往，观赏植物园内多姿多彩的花名卉和形状奇特的盆景。植物园另一与众不同之处，是其园门上方的一块告示牌，上书："凡举报偷盗花木者，赏金30美元。"我曾问起管理人员："为何不按通常的习惯，写成，凡偷盗花木者，罚款3美元呢？"管理人员不假思索地答称："要是那么写，就只能靠我的两只眼睛了。而现在，可能有几百双警惕的眼睛。全美国的植物园，都可以考虑这样做。事实证明，这样做效果非常好。"这就是智慧的体现。植物园当局为了防盗，智慧帮了大忙，我不能不为其叫绝。

仁爱之人，不事炫耀，不求闻达，只以忠诚和善良度过一生。

凡俗中有千万种智慧，人们常常运用这些智慧去争取功名，而真正懂得智慧的人都明白，一切智慧之源是爱，它超越了所有聪慧的头脑所能驾驭的智慧，却能创造人间奇迹。

只有那种具有无限力量的智慧，才可以改变我们每个人的命运，只有内心存在能够相伴一生的智慧，才能充分地改变我们的命运，影响我们一生。

智如日，慧如月，日月同辉，智慧长明。智慧在哪里？其实智慧

就在我们心里，只是它需要我们用心去感悟，有智慧的人就在你我的身边。让我们与智慧相伴，做有智慧之人吧！

智慧从内心深刻地体悟而得，聪明从知识的累积而得。要学会用心去理解。世间许多事看起来非常复杂神秘，其实道理却很简单。真正参悟一个事理并不容易，其过程是艰辛复杂的，但当真正悟通了一个事理后，就悟通了所有事理。因为世间的事理就是这样：一通则会百通。

懂得运用智慧，是一个人最大的本领。不知道苦恼的真相、苦恼的原因、除去苦恼的境界和消除苦恼的方法——就叫做"无知"。不知就是不明事理，不明事理就会在苦闷中迷失自我，就会做错事。所以说，不知者受害最大。为了不做一个受害者，我们应该做一个知者——有智慧的人。从某种意义上来说，真正的本领不是一门手艺，而是智慧。如果一个人有智慧，并懂得运用智慧，那么，很多问题都会迎刃而解。

智慧是灵魂生长的源头。有许多出乎意料的好创意在旁人看起来好像只是灵光一现就出来了，实际上却是已经在创意人的脑袋里预先演练多时才推出来的。

有一位很吝啬刻薄的大富翁，和五只狼狗住在一栋别墅里。一天，富翁请了一位画家到家里来为狼狗画一幅生活照。他要求画家在他家美丽的花园里，描绘出狼狗们活蹦乱跳的各种神态。

于是，画家花了三天时间，在他家的花园里捕捉这五只狗玩耍的动作。画好了之后，画家将画得很生动的图画拿给富翁看，可是富翁却借故挑东捡西，因为吝啬的富翁如果多挑剔一点儿，付账时，就可

第一章 智慧地工作

以以不满意为借口少付点钱。

画家听说过这个富翁吝啬成性，心里明白这是富翁老毛病又犯了，所以不动声色地照着富翁不满意之处一次又一次地修改。

最后，他将一幅已经修改了四五次的画带给富翁，只见富翁拿着画左看右瞧之后竟然说："哎呀！你怎么没有把狗屋给画上去呢？"

"狗屋？"画家一愣。

"是啊！我的狗最怕让别人盯着看了，每一次只要有人朝着他们看，他们就会马上躲进狗屋去，所以没有狗屋是不行的。"

画家不动声色地想了想说："好吧！我将画改过后，明天送来给你。"

第二天，画家将修改好的画送来给富翁。

"咦！怎么只有狗屋，我的狗呢？"

"因为我们现在正盯着他们，所以他们躲进狗屋不出来了。你先挂在墙上，过些时候没人注意，他们就会出来了。"画家泰然自若地回答。"现在，请您付钱，谢谢。"

在社会上难免有时会碰到一些蛮横不讲理的人，如果碰到了，也不需要脸红脖子粗，当然不闻不问照单全收也不是好方法，因为由此养成了对方暴躁的脾气，以后搞不好会变本加厉。这时不妨先冷静下来以礼相待，然后在对方放松了戒心之后，再挑明了说出自己的的感受，让对方知难而退。

在智慧面前，任何问题都有解。任何问题的出现，都有其解决之道。但为什么很多问题解决不了呢？是因为缺少智慧。遇到问题时，不要慌张，也不要逃避，更不要蛮干，要想办法解决。凡是只要动动

脑筋，都会有解决之道。每个问题都有其关键所在，想要很好地解决问题，就不要被问题的表象所迷惑，要抓住问题的关键。

　　有智慧的人，从周围取乐；没有智慧的人，希望别人给予快乐。帮助别人也需要智慧，要听两种人的话：一是有智慧的人，二是有经验的人。知识不在于多，精通就是智慧。帮助别人，并不需要出多少人力物力，有时只需要一点智慧。那些能够用自己的聪明和睿智为别人分忧解难的人，会显得更加聪慧，更加令人尊敬。

第一章 智慧地工作
Zhihui De Gongzuo

拥有智慧使你坚持不懈地工作

对一个充满智慧的人来说，他能充分地认识到，成功总是躲在坚持不懈的背后，因为他们知道，任何有价值的事物是没有办法轻而易举取得成功的，如果真的这么简单，那么人人皆可以做到。

对于职场中的人而言也是一样，倘若对工作、事业、自身具有坚定的信念，在工作的过程中激发出自己内心的精神力量，便会在工作中拥有双倍，甚至更多的智慧和激情。

有些人在开始做事时充满激情，但因缺乏坚韧与毅力，往往半途而废。任何事情往往都是开头容易而完成难，所以要评判一个人业绩是否优良，不能看他正在做的事情有多少，而要看他最终完成的事情有多少。例如，在赛跑中，裁判并不计算选手在跑道上出发时如何如何快，而是计算他从起点跑到终点需要多少时间。

一个人想干成任何事情，都要有恒心、毅力，只有坚持不懈才能取得成功。一个人做一点事并不难，难的是能够持之以恒地做下去，直到最后成功。

美国哈佛大学教授弗格林斯在分析美国历史进程时指出："其实，我们美国人之所以能够成功，很大程度上是我们竭尽全力、毫不

惧怕挫败的结果,我们也曾经遭遇过挫败,但是挫败了从头再来,而我们坚韧的个性又增加了许多。"

在现实中,有很多人找工作碰壁两三次就放弃了,很多人创业失败两三次也就放弃了,可知他们是因为什么不成功了吧!换个角度,如果他们能毫不懈怠地坚持下去,那么他就离成功不远了。

没有什么东西比坚忍不拔的意志更能让你走向成功。那些得到重用并且成为某一领域权威的人士,没有一个不是在坚持不懈中抓住成功的机会的。他们也许并没有出众的天赋,但是他们拥有坚忍不拔、坚持不懈的心态。

20世纪初,美国亚利桑那州的一位男子,花费了很长的时间去寻找位于兹默斯小镇附近的银矿矿脉。

终于有一天,他在一座小山的侧向掘出了一个大约200米的坑道,没想到矿道里的银矿已经被别人挖掘一空。这位男子因此而放弃了整个计划,心力交瘁的他,不久就带着遗憾离开了人世。

10年之后,一家矿山公司买下同样的地区,并且重新发掘了那个男子放弃的矿脉,没有想到的是,就在距离废弃坑道一米左右的地方,他们发现了从来未曾有过的丰富银矿。

成功与失败之间就只有那么短短的距离,一个人能否成功就在于能否坚持到最后。

歌德用激励的语言来描述坚忍不拔的意义:"不苟且地坚持下去,严厉地驱策自己继续下去,就是我们当中最渺小的人这样去做,也一定会达到目标,因为坚忍不拔是一种无声的力量,这种力量会随着时间而增长,是任何失败和挫折都无法阻挡的。"

第一章 智慧地工作

不放弃，就会一直拥有成功的希望。想真正做成一件事，需要你有锲而不舍的精神，不管我们想在哪个领域做成什么事情，一旦你认准了目标，那就一定要坚持不懈地做下去。

坚持不懈是一种不达目的誓不罢休的精神，是一种对自己所从事的事业的坚强信念，也是高瞻远瞩的眼光和胸怀。它不是蛮干，不是赌徒的"孤注一掷"，而是通观全局和预测未来的明智抉择，它更是一种对人生充满希望的乐观态度。在山崩地裂的大地震中，不幸的人们被埋在废墟下。没有食物，没有水，没有亮光，连空气也那么少。一天，两天，三天……还有希望生存吗？有的人丧失了信心，他们很快虚弱了，不幸地死去；而有些人却不放弃生的希望，坚信外面的人们一定会找到自己，救自己出去。他们坚持着，哪怕是在最后一刻……结果，他们创造了生命的奇迹，他们从死神的手中赢得了胜利。

因此，当我们面对困难时，绝不要轻易放弃，只要我们再坚持一下，我们就能变困境为顺境，就能创造人生的奇迹。因为人生就是一个不断与失败较量的过程，只要我们在面对失败时，再坚持一下，成功就会属于我们。看看这句话：什么东西比石头还硬，或比水还软？然而软水却穿透了硬石，这是为什么？是坚持不懈。在每个人的人生旅途中，在每个人积极行动的过程中，一定会遇到许多问题和困难，只有坚持永不放弃的精神，不断自我鞭策，自我激励，才能战胜困难，才能战胜自我，从而走向成功。

把工作做到最好是一种智慧

无论你在哪里工作，你都要尽自己最大的努力，全力以赴地把工作做好、做到位。只有做到这一点，你才会发现自己越来越能干，工作的能力得以更大的提升，也更容易获得成功。

1998年4月，海尔公司在全公司范围内掀起了向洗衣机本部住宅设施事业部卫浴分厂厂长魏小娥学习的活动，学习她"认真解决每一个问题的精神"。

为了发展海尔整体卫浴设施的生产，1997年8月，33岁的魏小娥被派往日本，学习掌握世界最先进的整体卫浴生产技术。在学习期间，魏小娥注意到，日本人试模期废品率一般都在30%、60%，设备调试正常后，废品率为2%。

"为什么不把合格率提高到100%？"魏小娥问日本的技术人员。"100%？你觉得可能吗？"日本人反问。从对话中，魏小娥意识到，不是日本人能力不行，而是思想上的桎梏使他们停滞于98%。

作为一个海尔人，魏小娥的标准是100%，即"要么不干，要干就要争第一"。她拼命地利用每一分每一秒的学习时间，三周后，带着先进的技术知识和赶超日本人的信念回到了海尔。

第一章　智慧地工作

Zhihui De Gongzuo

时隔半年，日本模具专家宫川先生来华访问见到了"徒弟"魏小娥，她此时已是卫浴分厂的厂长。面对着一尘不染的生产现场、操作熟练的员工和100%合格的产品，他惊呆了，反过来向徒弟请教问题。

"你们是怎么做到现场清洁的？100%的合格率是我们连想都不敢想的，对我们来说，2%的废品率、5%的不良品率天经地义，你们又是怎样提高产品合格率的呢？"

"细心。"魏小娥简单的回答又让宫川先生大吃一惊。细心，看似简单，其实不简单。

魏小娥在实践中把2%放大成100%去认识。比如她发现，有的产品成型后有不易察觉的黑点，就马上召集员工商量对策。有的员工说："这个黑点不仔细看根本看不见，再说，经过修补后完全可以修掉……"

魏小娥说："这些有黑点的产品万一流向市场，就会影响海尔的美誉度，用户都能拿着放大镜、听诊器去买冰箱，也会拿着这些东西来买卫浴设施。所以，既是'白璧'就不能有'微瑕'，产生这个小黑点的原因就是我们的现场还不能做到一尘不染。"

看过魏小娥带回的日本生产卫浴产品现场照片的职工说："日本人的现场都那么脏，我们比他们强多了。再说，压出板材后，难免会有清理下来的毛边落下来……"

魏小娥听后深不以为然："脏乱绝不是标准，一尘不染是海尔的标准！日本人做不到的，海尔何尝一定做不到？"但清理毛边的确要出现飞扬的尘土，怎么解决？魏小娥用上了心，吃饭走路都想着这个事。

一天，下班回家已经很晚了，吃着饭的魏小娥仍然在想着怎样解决"毛边"的问题。突然，她眼睛一亮：女儿正在用卷笔刀削铅笔，铅笔的粉末都落在一个小盒内，魏小娥豁然开朗，顾不上吃饭，在灯下画起了图纸。第二天，一个专门收集毛边的"废料盒"诞生了，压出板材后清理下来的毛边直接落入盒内，避免了落在工作现场或原料上，也就有效地解决了板材的黑点问题。

但魏小娥紧绷的质量之弦并未因此而放松。试模前的一天，魏小娥在原料中发现了一根头发。这无疑是操作工在工作时无意间落入的。一根头发丝就是废品的定时炸弹，万一混进原料中就会出现废品。魏小娥马上给操作工统一制作了白衣、白帽，并要求大家统一剪短发。又一个可能出现2%废品的原因被消灭在萌芽之中。

2%的责任得到了100%的落实，2%的可能被一一杜绝。终于，100%，这个被日本人认为是"不可能"的产品合格率，魏小娥做到了，不管是在试模期间，还是设备调试正常后。

像魏小娥如此认真的员工，在海尔还有很多，就是他们用自己的行动表明了成功的秘诀：不论什么行业，什么工作，既然值得做，就应该做到最好。

其实，在各行各业中都有施展才华和加薪晋职的机会，关键要看你是不是以积极主动的态度来对待你的工作，在工作中是否做到了最好。下文中的王建文便是一个不认真工作的例子。

王建文是一家汽车修理厂的修理工，技术过硬，就是喜欢喋喋不休地抱怨工作。"修理这活太脏了，瞧瞧我身上弄的。""真累呀，我简直讨厌死这份工作了。"诸如此类的话很多。王建文几乎每天都

第一章 智慧地工作

在抱怨和不满的情绪中度过，他认为自己在受煎熬，在像奴隶一样卖苦力。因此，王建文每时每刻都窥视着师傅的眼神与行动，只要一有机会，师傅不在身边，他便偷奸耍滑，应付手中的工作。

转眼几年过去了，当时与王建文一同进厂的三个工友，各自凭着在工作中磨炼出来的精湛手艺，或加薪晋职，或被公司送进大学进修，或是独当一面，开辟了属于自己的新事业，唯有王建文，仍然在抱怨声中做他讨厌的修理工。

王建文的教训让人反思：要么不做，要做就要做到最后，否则浪费的只有自己的时间，影响的也只有自己的前程。

其实，工作不分贵贱，任何工作都值得好好去做。很多员工认为自己所从事的工作是无足轻重的，对工作敷衍了事，根本没有认识到自己工作的价值，谈不上上做到好，更谈不上做到最好，反而经常将心思放在怎样才能寻找到一个薪水高、轻松又体面的工作上。以他们这种对待工作的态度，还想找一个好工作，那不是痴心妄想吗？

无论何时何地，你都不能瞧不起自己的工作。职位能带给你什么并不重要，重要的是，在这个职位上你可以给公司带来什么。

想到就要去做

在公司中拥有信念的员工,生活才更加充实,生命才更加绚烂。信念好比航标灯射出的明亮的光芒,在浩瀚的职业海洋中,牵引着人们走向辉煌。信念可以排除恐惧、不安等消极因素的干扰,使人在积极肯定的心理支配下,产生力量,这种力量能推动人们去思考、去创造、去行动,从而完成他们的使命,实现他们的心愿。

一天,六岁的王安外出玩耍,发现了一只嗷嗷待哺的小麻雀,他决定带回家喂养。走到家门口,他忽然想起还未经妈妈允许,于是便把小麻雀放在门后,进屋请求妈妈。在他的苦苦哀求下,妈妈答应了。但是,当王安兴奋地跑到门后,发现小麻雀已不见了,看到的是一只意犹未尽的黑猫。

不管从事什么行业,当老板给了你某项工作后,你必须抓住工作的实质,当机立断,立即行动。凡事必须先行动起来,因为一旦进入行动状态后,人们就来不及多想,就等于逼上梁山,背水一战,只有一条路走到黑,这样反而容易成功。

有一位心理学家多年来一直在探寻成功人士的精神世界,他发现了两种本质的力量:一种是在严格而缜密的逻辑思维引导下艰苦工

第一章 智慧地工作

作；另一种是，在突发、热烈的灵感激励下立即行动。

当可能改变命运的灵感在世俗生活中喷发时，绝大多数人习惯于将它窒息，而后又回到原来的生活常轨：什么时候该做什么照常做什么。他们并没有意识到，内在的冲动是人类潜意识通向客观世界的直达快车。

威廉·詹姆斯说："灵感的每一次闪烁和启示，都让它像气体一样溜掉而毫无踪迹，这比丧失机遇还要糟糕，因为它在无形中阻断了激情喷发的正常渠道。如此一来，人类将无法聚起一股坚定而快速应变的力量以对付生活的突变。"

有一次，沃尔特·B·皮特金在好莱坞时，一位年轻的支持者向他提出了一项大胆的建设性方案。在场的人全被吸引住了，这方案显然值得考虑，不过他们可以仔细考虑，然后讨论，最后再决定如何去做。但是，当其他人正在琢磨这个方案时，皮特金突然把手伸向电话并立即开始向华尔街拍电报，电文详细地陈述了这个方案。当然，拍这么长的电报需要花很多资金，但它转达了皮特金的信念。

出乎意料的是，一千万美元的电影投资项目就因为这个电文而拍板签约。假如他们拖延行动，这方案极可能就在他们小心翼翼的漫谈中自动流产——至少会失去它最初的光泽。然而皮特金立刻付诸行动了。在他一生中，他培养了灵感，信赖它，将它当成他最可靠的心理顾问。

很多人羡慕他办事如此精明，然而事实是，他之所以办事精明，就是因为他在长期训练中养成了"马上行动"的习惯。

世间永远没有绝对完美的事，"万事俱备"只不过是"永远不可

能做到"的代名词。一旦延迟,愚蠢地去满足"万事俱备"这一先行条件,不但辛苦加倍,而且还会使灵感失去应有的乐趣。以周密的思考来掩饰自己的不行动,甚至比一时冲动还要谬误。

企盼"万事俱备"后再行动,你的工作也许永远没有"开始"。人们往往在事情到来之时,总是先有积极的想法,然后头脑中就会冒出"我应该先……",这样一来,你的一只腿就陷入了"万事俱备"的泥潭。一旦陷入,你将顾虑重重,不知所措,无法定夺何时开始,时间一分一秒地浪费了,你陷入失望的情绪里,最终只有以懊悔面对仍悬而未决的工作。

一个勤奋的艺术家为了不让任何的一个想法溜掉,当他产生新的灵感时,他会立即把它记录下来——即使是在深夜,他也会这样做的。一个优秀的员工其实就是一个艺术家,他对工作的热爱、积极行动的习惯,都是促成他工作的很重要的推进力。

积极行动,会把工作本身当作一种乐趣,而工作本身就会成为一种享受。

有一个人,他是一家大公司的业务经理,在他的办公桌上满是签条、函电、合同和资料,他正在电话上跟两个人商谈,还有两个客户坐在他对面,等着和他谈话,他看了看约会的登记本,记下他要参加的另一个重要会议,还得口授几封信,并且……这样大的工作压力,对一般人来说,实在是难以想象。

来让我们看看这个人怎么做的吧:

他热忱地对待他的来宾,聆听他们的陈述,尽其所能地回应他们的需求。他拿起电话,立即与相关的人进行沟通,然后又转向他的来

第一章　智慧地工作
Zhihui De Gongzuo

宾。他告诉他们，他对所谈的事情将采取怎样的行动，他对通话机口授一封信，然后回过头来问他的来宾对他的决定是否感到满意。得到满意的答复之后，于是他把他们带大门口，和他们热烈握手道别。

从这个人的表现来看，他不容任何混乱的现象破坏他的工作效率，相反，他只在心中预期了这一天所获得的成就。他用最积极的行动来代替那些只想不做的幻想。

很多时候，你若立即进入工作的主题，将会惊讶地发现，如果拿浪费在"万事俱备"上的时间和精力处理手中的工作，往往绰绰有余。而且，许多事情你若立即动手去做，就会感到快乐、有趣，并且加大成功几率。

什么事情说得再多再好都不如去做，如果只是一味地拖拉、等待，不仅不能把事情从根本上解决，反而会错失很多的机会。

第二次世界大战之后不久，席第先生进入美国邮政局的海关工作。他很喜欢他的工作，但五年之后，他对于工作上的种种限制、固定呆板的上下班时间、微薄的薪水以及靠年资升迁的死板人事制度（这使他升迁的机会很小）愈来愈不满。

他突然灵机一动，他已经学到许多贸易商所应具备的专业知识，这是他在海关工作耳濡目染的结果。为什么不早一点跳出来，自己做礼品玩具的生意呢？他认识许多贸易商，他们对这一行许多细节的了解不见得比他多。

自从他想创业以来，已过了10年，但他依然规规矩矩在海关上班，依然对现实不满意，依然每天都在想着自己的玩具生意。为什么呢？因为他每一次准备搏一搏时，总有一些意外事件使他停止。例

如：资金不足、经济不景气、新婴儿的诞生、对海关工作的一时留恋、贸易条款的种种限制以及许多数不完的借口，这些都是他一直拖拖拉拉的理由。但是，只是想着，十几年来，他没有为自己的理想做过一件事，所以他仍在"想"，也仅是在"想"。

你的人生中有多少个10年，就在一眨眼中过去了，你这辈子就在平平淡淡中浪费了你的生命！千万不要只是幻想，一定要下定决心，因为你的人生取决于你所做的决定。

面对繁重的工作和事业，有时候你会心情紧张，担心自己做不好，总感觉没有信心。有这样的情绪和想法是正常的，因为你有自己希望达到的目标，紧张和担心正是伴随着这个愿望出现的，这个愿望越强烈，你的紧张和担心就会越明显。如果将精力花费在消除紧张或为紧张和担心而苦恼的话，不仅浪费时间而且与愿望背道而驰。然而行动却由我们支配，只有行动才有可能实现我们的目标。从现在开始，让我们去做吧。心动不如行动，让我们用平凡而坚定的脚步去打造属于行动的忠诚！

其实是他自己使自己成为一个"被动的人"。他想等所有的条件都十全十美后再动手。由于实际情况与理想永远不能相符，所以只好一直拖下去，他的理想也就成了空想。

马上去做（Just Do It）、"亲自去做"（Do It Yourself）是现代成功人士的做事理念。任何规划和蓝图都不能保证你成功，很多企业之所以能取得今天的成就，不是事先规划出来的，而是在行动中一步一步经过不断调整和实践出来的。因为任何规划都有缺陷，规划的东西是纸上的，与实际总是有距离的，规划可以在执行中修改，但关键还

第一章 智慧地工作

是要马上去做！根据你的目标马上行动，没有行动，再好的计划也是白日梦。

也许，在开始的时候，你会觉得做到"立即行动"很不容易，因为这样难免发生失误。

但你最终会发现，"立即行动"的工作态度会成为你个人价值的一部分。当你养成"立即行动"的工作习惯时，你就掌握了个人进取的秘诀。当你下定决心永远以积极的心态做事时，你就朝自己的成功目标迈出了重要一步。

如果你犯了一个错误，这个世界将会原谅你，但如果你未做任何决定，这个世界将不会原谅你，如果你已做了一个真正的决定，就要马上行动。方法是写下开头的几个步骤。哪三件事是你现在马上可以进行，并且对你的新决定有帮助的？你可以打电话给谁？你可以做什么承诺？你可以写一封什么样的信？你可以做什么与旧习不同的事？将你可以立即做的事列成一张表，并马上去实行，现在就去做！

如果我们认准了一件事，那么我们就要立即行动，因为世界上有93%的人都因拖延懒惰而一事无成，一日有一日的理想和决断，昨日有昨日的事，今日有今日的事，明日有明日的事。对有些人来说时间是金钱，对有些人来说时间是废品，一百次的胡思乱想抵不上一次的行动。

聪明人雷厉风行，糊涂蛋拖拖拉拉，一个人应该尽早去做，否则你就会迫于形势而去做某事。聪明人当即就会断定什么该早点干，什么该晚些做，并且干得很开心。立即行动，这种态度还会消减准备工作中一些看似可怕的困难与阻碍，引领你更快地抵达成功的彼岸。

工作靠自己把握

俗话说，树挪死，人挪活。我们无法改变环境，但是我们可以不受环境摆布。从来就没有什么救世主，命运得靠自己把握，成功是靠自己争取来的。永远不要让环境来支配你的命运。因为，只有自己才是最可靠的，命运之锁只有掌握在自己手中才能最终取得成功。

著名的华人企业家李嘉诚就是一个不甘于被命运掌控、不甘被环境摆布的坚强斗士。

李嘉诚说："我自小便很喜欢念书，而且很有上进心。那时候，我就暗暗地发誓，要像父亲一样做一名桃李满天下的教师，但是由于环境的改变，贫困生活迫使我孕育了一股强烈的斗志，就是要赚钱。可以说，我拼命创业的原动力就是随着环境的变迁而来的。

"当我14岁的时候，父亲去世，我要肩负家庭的重担，因为我是长子，而父亲并没有留下什么给我们，所以读书是绝对没有可能了。赚钱是迫在眉睫的事，这样志向就有了改变。而且在接下来进入社会开始工作的日子里，我有韧性，能吃苦，因为我不计较个人得失，只是努力工作，努力向上，再加上忠诚可靠，因此一路进步，薪金也一路增加。"

第一章　智慧地工作
Zhihui De Gongzuo

　　李嘉诚并不是一个天生的幸运儿，他所经历的痛苦和磨难也远非我们今天的年轻人能想象的，然而正是这种危机感和忧患意识成为推动李嘉诚成功的重要原动力。

　　李嘉诚在长达数年之久的打工生涯中，先后做过多种工作，从服务行业跳到技术行业，又从技术行业跳到推销行业，每换一次工作，都经过深思熟虑，都是对自己的一次挑战。

　　李嘉诚来到塑胶裤带公司做推销员时，塑胶裤带公司有七名推销员，数李嘉诚最年轻、资历最浅，显而易见，这是一种不在同一条起跑线上的竞争，是一种劣势条件下的不平等的竞争。

　　李嘉诚心高气傲，他不想输给他人，他给自己定下目标：三个月，干得和别的推销员一样出色；半年后，超过他们。李嘉诚自己给自己施加压力，有了压力，才会努力拼搏。

　　公司在港岛的西北角，而客户多在港岛中区和隔海的九龙半岛。李嘉诚每天都要背一个装有样品的大包出发，乘巴士或坐渡轮，然后马不停蹄地走街串巷。别人做八个小时，他就做16个小时。

　　李嘉诚做任何事，都会感谢过去生活对他的磨砺。他不是那种身强体壮的人，更像一个文弱书生，背着大包四处奔波，幸好他做过一年茶楼跑堂，拎着大茶壶，一天十多个小时来回跑，练就了腿功和毅力。他在茶楼养成了观察人的嗜好，现在做推销正好派上用场。他在与客户交往之时，不忘察言观色，判断成交的可能性有多大，自己还该做什么努力。

　　要做好一名推销员，一要勤勉，二要动脑，李嘉诚对此有深切的体会。正是这两点，使他后来居上，销售额不仅在所有推销员中遥遥

领先,而且是第二名的七倍!

李嘉诚做事,从来是不做则已,要做就做到最好;不是完成自己的本职工作就算了,而是在本职工作中干出非凡的业绩的同时,还利用推销行业的特点,捕捉了大量的信息。他注重在推销过程中搜集市场信息,并从报刊资料和四面八方的朋友那儿了解塑胶制品在国际市场的产销状况。经过调研之后,李嘉诚把香港划分成许多区域,把每个区域的消费水平和市场行情都详细记在本子上。他对哪种产品该到哪个区域销售,销量应该是多少,一清二楚。

李嘉诚经过详细分析,得出自己的结论,然后建议老板该上什么产品,该压缩什么产品的批量。他协助老板以促销产品,使塑胶公司的生意取得了较好的业绩。

李嘉诚因此于一年后被提升为部门经理,统管产品销售。这一年,李嘉诚年仅18岁。两年后,他又晋升为总经理,全盘负责日常事务。李嘉诚逐渐成为塑胶公司的台柱,成为高收入的打工仔,是同龄人中的佼佼者。他20岁刚出头,就升到了打工族的最高位置,做出了令人羡慕的成绩,照理说应该心满意足才是。然而,在他的人生字典中没有"满足"二字。工作了三年以后,正当公司重用李嘉诚的时候,他却坚决地辞职了。

只不过,这一次李嘉诚不是到另一家企业去打工,而是要开创自己的事业——他要办一个工厂,自己当老板!功成名就、地位显赫的他,明知自己已看清了形势,做好了准备,重新投入社会,要放手大干一番了。

李嘉诚怀着愧疚之情离开了塑胶裤带公司。他不得不走这一步。

这是他人生中的一次重大转折，从此，他迈上了充满艰辛与希望的创业之路。

正是这样，促使李嘉诚一步步走上商界的巅峰。正是因为李嘉诚这种不甘于被环境摆布的精神成就了他后来的财富。从出生开始，我们就无法选择周围的一切，但是我们可以主动寻找突破口，掌握自己的命运。

无数成功人士的经历都是明证，他们都经历了比普通人多得多的磨难。"宝剑锋从磨砺出，梅花香自苦寒来"，锋利的斧刃是从炉火的煅烧中得来的。

想成为公司里以一当十的员工，就要主动承担困难的工作，多找机会磨炼自己，提高自己处理难题的能力，并充分发挥自身潜能。

走出工作的衰退期

刘晓是一位作家，但是有一段时间，她非常苦恼，工作热情越来越低，工作情绪也变得不稳定。对于一个作家来说，如果出现这种情况，那么她的写作能力将受到很大的影响。一直以来，在同事们的眼里，她是一个工作充满激情、幽默和智慧的职业女性。在领导心目中，她也是一个非常出色和值得信任的好作家。她不愿意处于"无热情"的工作状态，甚至在工作中害怕出现各种"无热情"的迹象。为此，她曾经好多次想提出辞职，但她总是下不了那个决心。为了解决这个问题，她每天都装出很有工作热情的样子，可是那种装出来的感觉，让她很不自在。刘晓也找过许多心理专家，因为她怀疑自己患了精神病，可是心理专家给她的结论是：她很正常。

后来，刘晓通过一段时间的冷静观察，知道自己目前的状况：她进入了兴趣衰退期。

这是一种很自然的现象，对于那些全身心投入工作的人，不仅会耗费大量的体力，也会让人感到身心疲惫。人毕竟不是为工作而生的。即使你对自己的工作很感兴趣，但是工作中的烦恼、事业上的打击、人生的变故总会让你在一个无法预料的时期中断以往的热情，使

第一章 智慧地工作

你的良好状态受到干扰。

如果你也有这种感觉，那么最好的办法就是，请假外出愉快地旅行一段时间。在这段时间当中，重新审视你的工作，问问你自己，你现在所从事的职业是否还有足够的魅力吸引你？你对这份工作的兴趣还能不能让你继续热情地工作下去？

如果你给自己的答案是"有"，那么，你需要重新调整自己的心态，然后在工作中投入更多，让自己没有过多的时间去想工作中的种种困惑或疲倦。这是一个重新唤发活力的过程，需要的是你努力地坚持下去。

如果给出的答案与之相反，或者你无法确定自己会不会再被更大的疲倦感所袭击，那么你可以尽快接触一些其它的行业，找一些你认为能提起你兴趣的工作，并重新投入你所有的激情。这样，你的人生将会得到新的发掘。

"工作不仅仅是为了得到一份好的薪水，在工作中获得的满足感让我们生活过得充实，让我们的激情得到释放，也让我们尽情享受人生，赋予自己生活的意义。"一位成功者这样说。

如果一个人工作只是为了能够吃得好、睡得好，同时他的兴趣也只在家庭、感情上，那么，他在工作上给我们带来的只能是一些冷清的场面和无精打采的面孔。相反，如果他所从事的是他所感兴趣的工作，他的工作又将是另一种景象了。当一个人把所有的热情、精力都投入到工作中时，就不会出现每天愁眉苦脸的表情，因为他会在工作之中找到无穷无尽的乐趣。

一部分人可以凭借个人爱好找到自己所能从事的职业。足球爱好

者既可以去职业赛场上踢球，也可以去经营足球用品商店；一个对各种古代物品感兴趣的古器爱好者既有可能去当一名考古学教授，也可以参加考古队去探险，还可以选择做一个古董商。

  然而，很大一部分人并不知道自己真正喜欢什么。如果你就是这样，那么你可以在不同的行业摸索、停留，当你找到一种你喜欢的工作环境时，你就应该努力地坚持下去，不要轻易地放弃，即使在工作上遇到了困难，也要坚持下去。因为，找到你所真正乐意从事的职业所需要的努力和付出，比你克服这些困难所需要的勇气和代价更多。

  爱因斯坦在上大学时，教授佩尔内曾严肃地对他说："你在工作中并不缺少热情，但缺乏能力。你为何不去学医学、法律或哲学，而要学物理呢？"幸亏当年爱因斯坦对自己想做的事有足够坚定的认识，否则今天的物理学史就要改写了。

  所以你最好能找到自己内心最热爱的职业，只有这样才能把握自己的命运。那些有所成就的人，都有着一个共同的特征：无论才智的高低，无论从事哪个行业，他们必然是在做自己最热爱的事情，并且为此勤奋工作。

第一章 智慧地工作
Zhihui De Gongzuo

保持对工作新鲜感

有关专家认为，保持对工作的新鲜感是激发你工作热忱的有效方法。要想保持对工作恒久的新鲜感，首先必须改变工作只是一种谋生手段的观点，把自己的事业、成功和目前的工作联系起来；其次，保持长久激情的秘诀，就是不断做出新的尝试，永葆新鲜感。

"有一份自己喜欢的工作，有一个自己喜欢的人，我认为这大概是世界上最美好的两件事了。因为前者为我提供生存的物质需求，后者为我提供生存的精神需求。踏入职场就意味着从此自己有了生活来源，能够独立生存了。可工作之余不免思考工作本身及其意义。"听这位市场专家的观点后，我对自己的工作又多了一份了解。

首先，需要转变传统的工作观念。什么是观念？观念就是在头脑中形成的能够左右你的行为的一种巨大的精神力量。有了正确的观念，才能正确地认识问题，才能找到解决的办法。

在优秀员工看来，热情是具有感染力的，它可以感染你周围的同事、上司、客户，它可以感染你身边的每一个人。

查尔斯德是一家电脑公司的业务主管，现在这家公司的生意相当火爆，公司的员工对待自己的工作也充满了热情和骄傲。

但是，以前并不是这种情况，那时候，公司里的员工们都已经厌倦了自己的工作，他们中的许多人都已经作好了写辞职报告的准备。

查尔斯德的到来改变了这一切，他对待工作充满了激情，这种精神状态燃起了其他员工胸中的热情火焰。

每天，查尔斯德第一个到达公司，并微笑着与每一个同事打招呼。工作时，他容光焕发，好像生活每天都焕然一新。在工作的过程中，他调动自己身上的潜力，开发新的工作方法。在他的影响下，公司的员工也都早来晚走，斗志昂扬，纵然有时候腹中饥饿，也舍不得离开自己的工作岗位。因为他经常保持这种激情四射的工作状态，在很短的时间内，便被经理提拔到主管的位置。

在他的带动和感染下，员工们也一个个充满了活力，公司的业绩不断上升。

从个人的心态与素养方面来描述自己与公司的关系。关于自己与公司的关系，是初入职场首要要认识的。"一个人只要进了一个企业，通俗地说，那是你生存的基础，是你的饭碗。大锅里有饭，你的碗里才有可能装满；大河里有水，小渠才不至于干涸。毕竟，这是你的船，在这条船上，你是主人，而不是一个乘客。"华为技术有限公司总裁如是说。我觉得这个道理很生动、易懂。

对每个员工来说，与公司共命运永远都是你的神圣职责。如果你对工作不负责任，这艘船也许就会因为你的失职而沉入大海，所有的人都将因为你而葬身鱼腹。因此，任何时候，你都应该和船上的每个人同舟共济，无论遇到什么情况，你都应该负起责任来，与公司共命运，全心全意做好你的工作。

著名成功学大师告诉我们："人们都希望获得成功，都在探索成功的奥秘，其实，这比你想象的要简单，因为，那些成功的人们——奥林匹克的运动员、商业界总经理、政府领导人等和其他人中间有着一条明显的界线。这个边界并非标示特殊环境或具有高智商，也不是高等教育或天赋差异的归类，更不是靠时来运转，成功的关键是积极进取的态度。"

一个人的改变，源自于自我的一种积极进取，而不是等待什么天赐良机。对于那些还没有取得成功的人来说，不管现在他多么贫穷或者多么笨拙，只要他有着积极进取的心态和更上一层楼的决心，我们就不应该对他失去信心。对于一个渴望着在这个世界上立身扬名、成就一番事业的人来说，任何东西都不是他前进的障碍；不管他所处的环境是多么地恶劣，也不管他面临怎样的艰难险阻，他总是能通过内心的力量驱动自己，脱颖而出，勇往直前。

这个世界只为两种人提供成功的机会：一种是有着坚强意志的人，另一种是不断追求卓越的人。成功者与失败者最大的差别在于：成功者始终用最积极的内在驱动力支配和控制自己的人生。

命运掌握在自己手中

空想会想出很多绝妙的主意,却办不成任何事情;行动不一定带来成功,但不行动绝对不能成功。成功自然有一定的路,如果一直站在起点不迈步前进,永远不会把这段路程缩短。很多时候,我们的命运就是如此——其实我们的很多想法令我们改变现在的命运,令我们有一个实现自我的机会,然而我们却往往忽视掉或者没有信心去实施它,所以你还是原来的你!

我们经常听到:"如果我当年就开始做那笔生意,早就发财了!""我当年就有了那种想法,只是一直未做,不然的话,肯定也成功了。"天下最可悲的莫过于这样的话。因此,如果你有一个梦想,要实现它必须先从行动开始。有一个好的想法,又及时采取行动,不一定能带来令人满意的结果;但不采取行动就绝无满意的结果可言。只有行动才会产生结果。成功开始于想法,但结果源于行动。

猴子撑着伞在密密的森林中散步,路上碰见了它的朋友小鸟。"哟,我的好朋友,"小鸟说,"看看今天的天气,是那么的晴朗,你怎么还撑着伞呀?"

"是啊,真令人气恼。我实在没办法合上这把雨伞。不过要是没

第一章 智慧地工作

有这把伞,万一下起雨来怎么办呢?可我现在,唉,我躲在伞下便享受不到这么明媚的阳光了。"

"这很简单呀!只要你在伞上挖几个洞,太阳不就照到你身上了吗?"小鸟给它想了一个好办法。

"对呀!我怎么就没想到呢,你的这个办法真好!"猴子情不自禁地叫了起来。"太舒服了。"它很满意。

可是不一会,太阳躲到云层背后去了。几滴雨点之后,倾盆大雨便紧接着来了。雨水从那个洞漏了进来。顷刻之间,这个倒霉的猴子便成了落汤鸡。

很多时候,人们就是因为受到了别人的影响才走向失败的。对事情没有主见,总是喜欢把自己的命运交给别人,这是一种对自己不负责的表现。自己的命运自己做主,将命运牢牢地把握在自己的手中,这样你才能打造出一片属于自己的天空,如果你一味被别人所左右,做起事来就很容易失去目标,从而迷失了前进的方向。

罗马戏剧作家普劳图斯曾这样说:"我就是我自身的主宰。"当我们因为遇到外界因素影响而感到迷茫时,千万不要轻易改变自己事先确立好的目标,要冷静下来仔细思考。如果盲目听从别人的意见,在很多时候,不但不会给自己带来帮助,往往还会对自己造成一些不良的影响。要知道,来自外界的劝告就像四月多变的天气,有的是善良,有的却未必。好与坏要经过自己的大脑清醒地分析,没有人会替你的选择承担责任。

在一次灾难中,一场大水淹没了整个小村庄。村子里的人们都拼命地往外逃,当地政府也派出搜救队,他们拼命地营救着每一个村

民。这时,一个搜救队员乘着一艘小船来到一个教堂的旁边,看到了神父,他对神父说:"神父快到船上来,一会儿洪水会把你冲走的。"

神父说:"不!你走吧,我要守着教堂,上帝会来救我的。"

又过了一会,洪水已经淹过神父的胸口,他只好站在祭坛上。这时,另一个搜救队员来到了教堂,他看见了神父,对他说:"神父快上船吧,不然你会被洪水淹死的!"神父却说:"不!我要守着教堂,上帝会来救我的,你先去救其他人吧。"

又过了一会,洪水越来越大,马上就要把神父给淹没了。这时,来了一架直升机,飞行员们看见了神父,他们把绳梯放给了神父,对他说:"神父快抓住绳梯,我们会救你上来的。"

可神父还是没有上来,他说:"你们走吧,我是不会离开教堂的,上帝一定会来救我的。"就在这时候,一个大浪涌了过来,把神父冲走了,飞行员没有把他救上来,他被洪水淹死了。

神父死后看到了上帝,就埋怨上帝说:"上帝啊,你为什么不来救我呢?"

上帝对神父说:"我怎么没有救你啊?我先后三次派人去救你,可是为什么你就是不肯上船或上直升机呢?你的命运时刻都把握在你自己的手中,是你自己一次又一次放弃了生还的机会。"

理查德·米尔豪斯·尼克松曾这样说:"命运给予我们的不是失望之酒,而是机会之杯。因此,让我们毫无畏惧、满心愉悦地把握命运。"

一个人因为做生意亏本,赔掉了自己所有的财产,从一位老板

第一章 智慧地工作
Zhihui De Gongzuo

一下子变成了一个流浪汉。面对无法接受的事实，他丧失了继续生活下去的勇气，他似乎已经对自己不抱有任何希望了，甚至有好几次，他都想到了自杀，想离开这个世界。可一件事情的发生改变了他对人生的态度。偶然的一天，他从一个路人的手里得来了一本名为《自信心》的书。看完了这本书之后，他似乎看到了一丝继续活下去的希望，他决定去找这本书的作者奥里森·马登。

当他找到马登把自己的失败的经历讲给他听之后，马登却并没有对他深表同情，而是不耐烦地说："我已经以极大的兴趣听完了你的故事，可遗憾的是，尽管我希望自己能够对你有所帮助，但事实上，我无能为力。"

这个人听完马登的话后，脸色苍白地坐在那里，喃喃自语道："这下完蛋了。"

停了一会儿，马登对他说："不过我可以介绍个人给你认识，或许他会对你有帮助。"

听了这句话后，这个人高兴地跳了起来，抓住马登的手激动地说："看在上帝的份上，您马上带我去见这个人吧！"

于是，马登便领着他来到了一面高大的镜子面前，用手指着镜子说："他就是我要介绍给你的那个人。在这个世界上，只有他能够使你东山再起。除非你彻底认清这个人，否则，你只好去跳湖了。因为在你对这个人作出充分的认识之前，对于你自己或这个世界来说，你就是个没有任何价值的废物。"

听完马登的话后，这个人朝着镜子向前走了几步，看到镜子中的自己是如此的憔悴，如此的狼狈，他伸手摸了摸自己长满胡须的脸

孔，不敢相信这个就是从前那个意气风发的自己，他禁不住低下头，开始哭泣起来。

没过多久，马登在路上遇到了这个人，看上去他比以前要好多了。他从头到脚都打扮一新，迈着轻快的步伐，头抬得高高，一副很成功的样子。他看见了马登，上前握住他的手说："那天我离开你的办公室时，还只是个流浪汉。是你让我在镜子中找到了失落的自己。现在我找到一份报酬不错的工作，我的老板先预支一部分钱给家人，我现在又走上成功之路了。"

人生的路是漫长的，没有谁敢保证自己是踏着一路鲜花，一路阳光走过来的，也没有谁敢说自己以后永远不会遭遇失败和挫折。任何一种成功，它的背后往往都布满了荆棘和激流险滩，只有把握好自己，将命运掌握在自己的手中，你才可能取得最终的成功！

绝不向命运低头

许多人认为,命运是决定一个人成功与否的关键,它始终都控制着人,假如你的命运是不幸的,那么,你的一生注定将是痛苦的,任何人都无法与命运相抗衡,尽管你付出了努力,但却始终都逃脱不了命运的"魔掌",只能任它去摧残。这样的想法是完全错误的,命运是可以改变的,其实它完全掌握在我们自己的手中,你想成为一个什么样的人,你就会成为一个什么样的人。如果你选择听从命运的安排,那你只能生活在不幸当中,相反,如果你绝不向命运低头,积极勇敢地向命运发起挑战,你就可以改变它,这就看你用什么样的态度去对待。

米契尔就是一个绝不向命运低头的人。在他46岁时,一次很惨的机车意外事故把他烧得不成人形,14年后又一次坠机事故使他腰部以下全部瘫痪。面对如此悲痛的命运,你会怎么办?你会重新振作起来吗?相信,如果谁遇到这样的不幸,别说是重新振作起来,就连继续活下去的勇气是否存在都成问题。然而,米契尔却做到了。他不但没有因此而放弃生命,对自己未来美好的生活也充满了希望。最终,他做到了,他成为了百万富翁、受人爱戴的公共演说家、洋洋得意的新

郎官及成功的企业家。

在经过两次可怕的意外事故后,他的脸因植皮而变成一块彩色版,手指没有了,双腿特别细小,无法行动,只能瘫在轮椅上。那次机车意外事故,把他身上几乎所有的皮肤都烧坏了,为此他做了16次手术。手术后,他无法拿起叉子,无法拨电话,也无法一个人上厕所。但以前曾是海军陆战队队员的米契尔从不认为他被打败了。他说:"我完全可以掌握我自己的人生之船,那是我的沉浮,我可以选择把目前的状况看成是倒退或是一个起点。"六个月后,他又能继续开飞机了。

米契尔为自己在科罗拉多州买了一栋维多利亚式的房子,另外还买了一架飞机及一家酒吧,后来他和两个朋友合开了一家公司,专门生产以木材为燃料的炉子,这家公司后来变成佛蒙特州第二大的私人公司。

机车意外发生后四年,米契尔所驾驶的飞机在飞起时又摔在了跑道,把他的12条脊椎骨压得粉碎,腰部以下全部瘫痪了!"我不解的是为什么这样的事情老是发生在我的身上,我到底是造了什么孽,要遭到这样的报应?"米契尔仍旧不屈不挠,日夜努力,使自己做到了最高限度的生活独立。他被选为科罗拉多州孤峰顶镇的镇长,以保护小镇的美景及环境,使之不因矿产的开采而遭受破坏。米契尔后来也曾竞选过议员,他用一句"不只是另一张小白脸"的口号,将自己难看的脸转化成一项有利的资产。

尽管面貌骇人、行动不便,米契尔却开始泛舟,他坠入爱河且结了婚,也拿到了公共行政硕士的学位,并持续他的飞行活动、环保运

第一章 智慧地工作

动以及公共演说。米契尔说:"我瘫痪之前可以做一万种事,现在我只能做9000种,我可以把目光放在我还能做的9000件事上,告诉大家我的人生曾遭遇过两次重大的挫折,如果我能选择不把挫折拿来当成放弃努力的借口,那么,或许你可以从一个新的角度,来看待一些一直让你们裹足不前的经历。你可以退一步,想开一点,然后你就会有机会说:'或许这没什么大不了的!'"

记住,"重要的是你如何看待发生在你身上的事,而不是到底发生了什么事。"

命运掌握在自己的手中,即便一个人命运不是坎坷的,但如果他不愿意在艰苦奋斗中磨练自己的意志,那这样的人也不会有所成就。命运不是改变人生的关键,而促使一个人堕落的是他的态度。一个遇到困难就选择退缩,更没有奋斗精神,不管他的命运好坏,他都很难在自己的生活道路上铸就辉煌。

人生的道路是充满坎坷的,任何人都避免不了不幸的发生,这并不能成为放弃追求成功的借口。所有人都会遇到困难,这是成功路上不可或缺的一份子。看看那些成功人士,他们因为遭到不幸而放弃追求成功了吗?当然没有。因为在那些渴望成功的人的眼里,没有任何东西可以阻止他们向往成功的步伐,命运也同样如此。虽然不幸的命运会使人们生活得艰难,但这更是磨练人们意志最好的方法,不难发现,那些经历不幸命运的人,往往意志都特别坚强。而也正是坚强的意志将他们推向了成功的峰顶。

派蒂·威尔森是一个意志非常坚强的人,面对不幸的人生,她不但没有自甘堕落,反而用行动证明了命运是可以改变的,把它完全掌

握在自己的手中。

派蒂·威尔森在年幼时就被诊断出患有癫痫病。她的父亲习惯每天晨跑。有一天，她兴致勃勃地对父亲说："爸爸，我想每天和你一起跑步，但我担心中途会病情发作。"

父亲回答她说："万一你发作，我也知道如何处理。我们明天就开始跑吧。"于是，十几岁的派蒂就这样与跑步接下了不解之缘。和父亲一起晨跑是她一天中最快乐的时光。跑步期间，派蒂的病情一次也没有发作过。几个礼拜之后，她向父亲表示了自己的心愿："爸爸，我想打破女子长跑的世界记录。"

她父亲替他查《吉尼斯世界纪录》，发现女子长跑最高记录是80英里。当时读高一的派蒂为自己订立了一个长远的目标："今年我要从橘县跑到旧金山（400英里）；高二时，要到达俄勒冈州的波特兰（1500英里）；高三时的目标在圣路易市（约2000英里）；高四则要向白宫前进（约3000英里）。"

虽然派蒂的身体状况与别人不同，但她仍然满怀热情与理想。对她而言，癫痫只是偶尔给她带来不便的小毛病。她不因此而消极萎缩，相反，她更加珍惜自己所拥有的。

高一时，派蒂穿着上面写着"我爱癫痫"的衬衫，一路跑到了旧金山。她父亲陪她跑完了全程，做护士的母亲则开着旅行车尾随其后，照料父女俩人。

高二时，她身后的支持者变成了她的同学。他们拿着巨幅的海报为她加油打气，海报上写着："派蒂，跑啊！"但在这段前往波特兰的路上，她扭伤了脚踝。医生劝告她立即停止跑步："你的脚踝必须马上打石膏，否则会造成永久性的伤害。"

派蒂回答说："医生，你不了解，跑步不是我一时的兴趣，而是我一辈子的挚爱。我跑步不但是为了自己，同时也是要向所有人证明，身体有残缺的人，照样可以跑马拉松。有什么办法可以让我跑完这段路吗？"医生表示可以用贴剂先将受损处接合，而不用上石膏；但他警告说，这样会起水泡，到时候会疼痛难耐。派蒂二话没说便点头答应了。

派蒂终于来到了波特兰，俄勒冈州州长还陪她跑完了最后一英里。一面写着红字的横幅早在终点等着她："超级长跑女将，派蒂·威尔森在17岁生日这天创造了辉煌的记录。"

高中的最后一年，派蒂花了四个月的时间，由西岸长跑到东岸，最后抵达华盛顿，并接受总统召见。她告诉总统："我想让其他人知道，癫痫患者与一般人无异，也能过正常的生活。"

面对不幸，对人生态度的不同，结果自然也就会完全不同。如果你选择积极面对，并向困难发起挑战，那么，即使面对再大的不幸，你也能化逆境为顺境，拥有足够的勇气去改变现状、改变生活，从而获取美好的人生。

第二章
低调做人，高调工作

低调做人，高调做事，就是把自己调整到以一个合理的状态去踏踏实实做人、处理人际关系、做好事，就是树立信念、敢想敢拼、以诚待人、公正处事、努力学习、成熟思考、积极行动、持之以恒。表现在工作上，就是虚心待人，隐藏锋芒，高质量完成任务，不断用高标准要求自己。

第二章 低调做人，高调工作

隐藏锋芒，低调做人

在人的一生中，构成自身根基的事不外乎两件：一件是做人，一件是做事。的确，做人之难，难于从躁动的情绪和欲望中稳定心态；成事之难，难于从纷乱的矛盾和交织的利益中理出头绪。而最能促进自己、发展自己和成就自己的人生之道便是：低调做人，高调做事。

低调做人，高调做事，是一种修为，是一种对人生的理解，这种处世之道，放在工作上也同样适用。

低调做人，包括姿态上的低调、心态上的低调和行动上的低调。在工作上的表现主要是不恃才放旷，不居功自傲。

恃才放旷是许多初入职场的员工的通病。不可否认，有些员工确实具有很高的天赋和能力，但在还没有充足的工作经验之前必须经过一段时间的磨炼，心态才能平和，才能避免浮躁，这无论是对工作还是生活都是大有裨益的。

身为长江实业与和记黄埔两家500强企业董事长的李嘉诚，22岁辞职创业，从事塑胶花的生产和销售。风风雨雨几十年，从"塑胶花大王"到"屋村大王"，再到"房地产大王"，取得了人生和事业上一个又一个的辉煌。他虽然资产无数，身价近千亿，却一直保持着低调

的态度。他深信做人要低调,要会"爱"人,要能认真考虑他人的感受和利益。

这种低调不仅表现在他自己身上,也体现在他的家人身上。他的儿子李泽钜、李泽楷被送往斯坦福大学读书期间,同学竟然不知道他们是巨富之子,而且次子李泽楷还利用课余时间勤工俭学,用赚来的钱资助贫困生。

次子李泽楷学的是计算机技术,长子李泽钜学的是土木工程,准备子承父业。然而他们毕业后,李先生并没有让他们到自己的公司工作,反而将他们送到加拿大去锻炼。二子果然不负父望,在加拿大大展拳脚,都做得有板有眼,如芝麻开花节节高。

低调做人,高调做事,一向是李嘉诚的为人处世态度,他为那些雄心勃勃的人树立了一个榜样:即使学富五车、才高八斗、富可敌国也要低调做人。飞扬跋扈、不可一世不仅不是成功者的品质,而且是职场大忌。

居功自傲也不可取。工作做出成绩,取得一点成功固然值得高兴,但要平静对待这些功劳,既不要躺在功劳簿上停止不前,也不要因为功劳而骄傲自大,引起同事和上司的反感。

日本伊藤洋货行的董事长伊藤雅俊是一位值得大家学习的、以严谨著称的企业家。

在生活中,伊藤雅俊待人热情,彬彬有礼,但是在企业管理中,他从来不感情用事,他始终要求员工不要居功自傲,要忠诚敬业。凡是在工作中达不到要求的员工,他都会果断地将他们除名,其中也包括许多经营天才,岸信一雄便是其中的一位。

第二章 低调做人，高调工作

Didiao Zuoren, Gaodiao Gongzuo

岸信一雄曾为公司做出过巨大的贡献，但是，他有一个致命的弱点，就是喜欢自诩，目中无人。当伊藤雅俊做出解雇岸信一雄的决定后，许多人都感到震惊，也总少不了有人会为岸信一雄求情，伊藤雅俊回答这些人的第一句话便是："秩序与纪律是企业的生命，不守纪律的人一定要处以重罚，即使会因此而减低战斗力，我们也在所不惜。"

岸信一雄是由东食公司跳槽到伊藤洋货行的。东食公司是一家食品公司，所以，岸信一雄对食品的经营颇有心得。他的到来，为伊藤洋货行注入了一种活力，十多年的时间里，他为公司做出了巨大的成绩。正因为如此，岸信一雄开始放松自己，他开始在一些经营观念上与伊藤雅俊产生分歧，在人际关系方面，岸信一雄开始变得放任起来。

这与伊藤雅俊长期经营伊藤洋货行形成的管理风格产生了巨大的反差。伊藤雅俊开始无法接受岸信一雄的做法，而极力要求岸信一雄必须按伊藤洋货行的要求去改善工作态度。但是岸信一雄却不屑一顾，依然我行我素，他坚持说："你没有看到我的业绩一直在上升吗，为什么一定要改变呢？"

无奈，伊藤雅俊只能忍痛做出解聘岸信一雄的决定。他这样做的唯一理由是，如果企业中开始形成一种习惯势力，出现管理真空，那么任何的绩效都无法挽救因此给企业带来的厄运。

伊藤雅俊认为，企业管理者不但要知人善任，更要知人善免，只有这样做，一个企业才会真正形成能者上、庸者下的良性竞争机制。

伊藤雅俊手中的大棒并不只是一种道具，它时刻在警示企业所有员工：企业不是官场，更不是养老院，这里只需要奉献与自我价值的

实现，而不需要权力的炫耀与毫无章法的自我演绎。

岸信一雄因为居功自傲导致骄傲放任，最终被老板"炒鱿鱼"。这警醒我们，在工作中，无论你有多大的功劳，都必须时刻抱着谦逊的态度对待周围的人，不仅不能居功自傲，还要学会与他人分享功劳，最不可取的就是与人争功。

不是自己的功劳，就不要去抢，不管别人知道也好，不知道也好，抢别人功劳绝对不是成功的途径。一旦你不光彩的行为真相大白时，你将无脸见人，不仅被抢者会成为你的敌人，而且你还会失去他人对你的尊重。有本事就自己去创造功劳，何必去干既害人又自毁前程的事呢？况且，就算没有被人发现，你也会为此背负一辈子的愧疚，何苦为了一时自私，让自己一生带上污点呢？

在工作中，低调做人是一种态度，更是一种智慧。低调做人可以避免许多不很必要的纷争，可以让自己把精力集中在工作上，做出更好的成绩。

第二章 低调做人，高调工作
Didiao Zuoren, Gaodiao Gongzuo

高质高量，高调做事

在工作上，做人要低调，做事则要高调。这里的高调指的是高标准，即以高标准要求自己的工作。

可口可乐的员工唐纳德做了不到两年就已经取得了很大成绩，职位也从普通员工上升为一个业务团队的负责人，这些成绩让他有些飘飘然起来。他觉得自己已经够优秀了，不需要再付出多少努力就能够稳步迈向高薪高职。就在他沾沾自喜时，公司突然进行了人员调整，他的职位受到了几位后起之秀的挑战，这些新员工个个业绩不凡，雄心勃勃。如果唐纳德再不做出些业绩的话马上就会被人替代。想到这，唐纳德对自己之前洋洋自得的心态变得非常懊恼，他马上开始重新为自己制订了一份高标准的业绩规划方案，然后全力以赴地投入到工作中。两个月后，他和团队的业绩明显大增，而且在他的影响下，其他的团队也一个个奋斗直追。9个月后，他们已为公司赚取了5300万美元的利润。而唐纳德则在年底当上了公司的销售经理。

如今，唐纳德已拥有了自己的公司。他每次培训员工时，一定要说："无论你们在什么位置，都不要满足，你的位置越高，对自己的要求就要越高，这样你才能永葆竞争力，才能走得更远。"

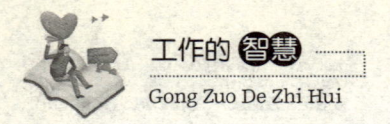

不断追求高标准，就是没有最好，只有更好。在工作中，如果你完成的每一项工作都达到了老板的要求，你可以称得上是一名称职的员工，但你很难给老板留下深刻的印象。只有把工作做到近乎完美，超过老板对你的期望，你才能让他的眼前一亮，才能让他在遇到一些高难度工作的时候想起你，给你一个锻炼的机会。

在现实生活中，我们要用"藏巧于拙、用晦而明、聪明不露、才化不逞"等韬略来隐蔽自己的行动，到达以出奇制胜的目的。表现一定要低调些，若做事过于张扬就会泄漏"事机"，就会让对手警觉，就会过早地把目标暴露出来，成为对手和围剿的"靶子"。保护自己的最好方式就是不暴露，尽管这样做会有损失，却能避免更多不可预知的风险。

1998年，华为以80多亿元的年营业额，雄踞当时声名显赫的国产通信设备四巨头之首，势头正猛。而华为的首领任正非不但没有从此加入到明星企业家的行列中，反而对各种采访、会议、评选唯恐避之不及，直接有利于华为形象宣传的活动甚至政府的活动也一概坚拒，并给华为高层下了死命令：除非重要客户或合作伙伴，其他活动一律免谈，谁来游说我就撤谁的职！整个华为由此上行下效，全体以近乎本能的封闭和防御姿态面对外界。

2002年的北京国际电信展上，华为总裁任正非正在公司展台前接待客户。一位上了年纪的男子走过来问他："华为总裁任正非有没有来？"任正非问："你找他有事吗？"那人回答："也没什么事，就是想见见这位能带领华为走到今天的传奇人物究竟是个什么样子。"任正非说："实在不凑巧，他今天没有过来，但我一定会把你的意思

第二章 低调做人，高调工作
Didiao Zuoren, Gaodiao Gongzuo

转达给他。"

关于任正非还有很多故事。有人去华为办事，晕头转向地换了一圈名片，坐定之后才发现自己手里居然有一张是任正非的，急忙环顾左右，斯人已踪影不见。有人在出差去美国的飞机上，与一位和气的老者天南地北地聊了一路，事后才被告知那就是任正非，于是懊悔不迭。这些多少有点传奇的故事说明，想认识任正非的人太多，而真能认识任正非的人却很少。

近两年来，华为的壁垒有所松动，出于打开国外市场的需要，华为与境外媒体来往密切，和国内媒体的接触也灵活不少，华为的一些高层也开始谨慎露面。唯一没有任何解禁迹象的，是任正非本人。

他在《我的父亲母亲》这篇文章中，展现了理性和激情背后温情的一面。他在文中总结说："由于家庭原因，'文革'中，无论我如何努力，一切立功、受奖的机会均与我无缘。在我领导的集体中，战士们立三等功、二等功、集体二等功，几乎每年都大批涌出，唯我这个领导者从未受过嘉奖。我已习惯了我不应得奖的平静生活，这也培养了我今天不争荣誉的心理素质。"

正是由于任正飞的低调做人，才使得他有更多的时间和精力打理公司，每年花大量时间游历全球，在各个发达市场与发展中市场上寻觅机会，在通信设备国际列强间合纵连横，寻觅可用的力量与资源。深刻领悟西式规则的同时，充分发挥东方的智慧，带领着华为再创辉煌。

一位企业家在对新员工培训时说："当你和一批新员工一同跨入公司时，老板对每个人的期望都是一样，这时有些人达不到老板的

要求，大部分人能够达到老板的要求，只有极少数人能超过老板的要求。"那些不能达到要求的人将很快被淘汰，大部分人将继续自己平淡的工作，而那极少数人会被单独叫进老板的办公室，老板会在正常工作之外给他们分配一些挑战性的工作，随着老板对他们的期望越来越高，给他们的机会也会越来越多，他们也能在这种环境中迅速成长。

市场是无情的，只有最优秀的企业才能够在市场上生存下来。老板要让企业优秀起来，就必须挑选最优秀的员工，那些不能用高标准要求自己的员工的企业，都有被淘汰的可能。尤其是那些新近获得晋升的员工，更要严格要求自己，用新的标准来督促自己不断努力，如果你在高位置却保持低标准，不仅自己不能成功，你的下属、你的团队也会因此而丧失竞争力。要成为最优秀的职员，要想迈向成功，就必须养成事事不断追求高标准的习惯。

有什么样的目标，就有什么样的人生色彩；有什么样的追求，就能达到什么样的人生高度。在公司里，员工能够不断地超越自我，超越平庸，主动进取，主动向高标准挑战，才能取得职场上的成功，才会拥有精彩卓越的人生。

做人要低调，做事要高调，做事高调就是说做事情要积极主动，发挥出自己最大的能力与才华。工作当前，不要总是推托，能不做就不做，总以为自己多做了就会吃亏。其实，只要你认真努力工作，公司的同事会看在眼里，上级主管会看在眼里，公司的老总也会看在眼里。最重要的是高调的工作让你成为一个积极向上的人，让你可以在工作中学到更多东西，可以成长得更快。所以，不要等你的领导来催促你。不要做一个墨守成规的人，不要害怕犯错，勇敢一点吧！领导

第二章 低调做人,高调工作

没让你做的事你也一样可以发挥自己的能力,成功地完成任务。

要尽力改善,争当领头羊。当你看到什么事情不如意时,不要推托,要马上解决,这样你不仅可以在解决困难中得到锻炼和成长,更重要的是你可以学到很多东西。你是否觉得你的公司应该制造一种新产品?如果要,就赶快想办法尽量去做吧,你应该相信:即便开始时是一个人孤军奋战,只要这个构想真的很好,对众人都有利,很快就会赢得支持。工作时的高调可以让你赢得一些其他人不可能有的机遇。

我们有能力只能算得上能干,而真正得到上级肯定、前途光明的员工是那种能干又肯干的人,而那些站在场外袖手旁观的人,在工作上行为低调的人,永远都只能是看客。大家都信任脚踏实地的人,人们一致相信:这个人敢说敢做,绝对知道怎么做最好。我们还没听过有人因为没有打扰别人、要等别人下令才做事而受到称赞的。

成功人士在做事上都是高调的,在做人上都是低调的。他们都把精力放在做事情上,却从不喜欢在别人面前显露自己。而那些庸庸碌碌的普通人恰恰相反,他们总喜欢把自己夸耀得什么都能做,而实际上却什么都不想做。他们是说话的将军,行动的败兵。现在的社会会说话当然很重要,但是如果只知道说,把自己吹得天花乱坠却从来不切切实实地去做事,在别人眼里,也只是一个会说话的工具而已。

成功没有别的捷径,只能脚踏实地,一环扣一环地前进,也就是人们经常说的"一步一个脚印"。再精巧的木匠也造不出没有地基的空中楼阁,任何伟大的事业也都是由无数具体的、微小的、平凡的工作积累而成的,不愿意干平凡工作的人,很难成就大事,世间没有突然的成功,成功的诀窍就是脚踏实地、勤勤恳恳地做事,谦虚谨慎、

实实在在做人。

不要降低自己的标准

作为职场人士,我们必须具备"崇尚第一,争取第一"的精神,必须以最高的标准要求自己,在工作的时候,就意味着要做到让客户百分百地满意,让客户感受到超值的服务。就好像微软的核心价值观一样:在每一件事上追求尽善尽美,这是微软追求的标准之一,也是卓越员工工作的唯一标准。

在现实中,如果一百次决策中,有一次失败了,就有可能让企业关门;一百件产品,有一件不合格,可能失去整个市场;一百个员工,有一个背叛公司,可能让公司蒙受无法估量的损失……麦当劳公司就是因为一个小小的包装污染问题而弄得损失惨重。

快餐巨子麦当劳在1994年第15届世界杯足球赛上企图抓住商机,一展身手。他们在食品包装袋上印有参赛的24国的国旗。按理说,此项创意必将受到各国球迷消费者的欢迎。不幸的是,在沙特阿拉伯国旗上有一段《古兰经》经文,这带来了阿拉伯人的抗议。因为使用后的包装袋油污不堪,往往被揉搓一团,丢进垃圾桶,这被认为是对伊斯兰教的不尊重,甚至是对《古兰经》的玷污。面对严厉的抗议,这次开销巨大的行动泡了汤,麦当劳只有收回所有的包装袋,坐了一回冷板凳,当了一回看客。

麦当劳的这次失误告诉我们,除了产品本身的质量、企业自身的素质要高外,还要更多地贴近市场、贴近消费者,把销售产品中的每一个细节都把握好,这样才能避免不必要的损失。

麦当劳公司用巨大损失换取了一个深刻教训。责任无小事,工作无小错。工作中的小疏忽,到了客户那里就会成为大问题。就是包装纸上这么细小的一点疏忽,对麦当劳的产品和品牌形象却造成了严重的伤害。这也正是"100-1=0"的真实写照。

同样,作为一名员工,你自己要求自己的标准,你才能被市场认可。

如果我们留心自己的生活,就会发现轻率和疏忽所造成的祸患是很大的。许多人之所以失败,就是败在做事不够尽责、常常轻率、马虎这一点。无数人因为养成了糊弄工作、敷衍了事的工作,而导致自己一生碌碌无为。

一位管理专家一针见血地指出,从手中溜走1%的不合格,到用户手中就是100%的不合格。为此,我们要赢得成功,就应当自觉戒除糊弄工作的错误态度,为自己的工作树立严格控制的标准。

西蒙在一家企业做副总经理。他是一个非常热爱工作的人,他说他只有在工作中才能找到乐趣。因为对工作认真,他每天都有成堆的事情要做,这个要思考,那个要琢磨。他有一句口头禅:由我负责的事就必须做好,不准出差错。

他的朋友罗尔劝他,有些事完全可以分派给下属去做,不必事事

亲历亲为。西蒙也想这么做，让自己放松放松，但是一到工作时就忘了。他说如果完全把事情交给下属去做，他总是担心下属不能按照自己的想法完成，最后把事情做砸了，或者结果达不到他想要的程度。

所以即使是事情交给别人去做了，西蒙仍要不停地督促。

按标准做事是做好工作的最起码要求，如果你一贯都不能坚持标准和质量，你就会自然而然地按照自己习惯的方式去做事，做得一般就自认为可以了。放松标准后，各种各样的问题就会接踵而来，我们的客户就会感觉越来越不好，他们或者有怨言，或者离我们而去。失去了衣食父母，我们也就失去了事业的土壤。

作为一名员工，只有以高标准严格地要求自己，你才能赢得老板的信任和器重，获得机会和提升。在现实生活中，很多人工作没有做到位，甚至相当一部分人做到了99%，就差1%，但就是这点细微的区别使他们在事业上很难取得突破和成功。

如果一部由1.3万个零部件组成的汽车，其精度能够达到99.999%的话，那么它第一次发生故障或出现反常情况将可能在10年以后。中国的汽车还做不到10年以后才出现毛病；德国奔驰汽车就能够保证20年公司不动螺丝刀，以正常的每年2万公里的汽车行程计，也基本上能做到10年不出毛病了。这种质量保证就来自德国员工的追求"零缺陷"的认真工作的态度。

"零缺陷"是世界质量大师菲利浦·克劳士比最先提出的思想，他要求员工第一次就把事情做对。"零缺陷"的思想是一种新的科学工作者思维方式，是一种积极心态，是企业参与国际市场竞争的唯一途径，同时也是一个人提高个人能力和公司整体素质，最大限度地发挥公司整体功能，弘扬公司企业文化的契机。无论是个人还是组织，只有追求产品的"零缺陷"，才能被大众所接受。

日常生活中，我们购买电视机、电冰箱等商品时所用的挑剔眼光，就是"零缺陷"眼光，就是"零缺陷"的标准，那么，我们为什么不能用"零缺陷"的思想来指导和检查我们的工作呢？只有将"零缺陷"的思想与我们所倡导的精细的工作作风有机地结合起来，才能走出"差不多就行"、"马马虎虎"的思想和工作误区。

实际上，"零缺陷"表达的是一种绝不向任何不符合最高要求的做法妥协的决心。它要求人们努力工作，把工作当作自己的事情来做，达到"零缺陷"的境界。推行"零缺陷"管理思想是欧美企业界当前的一项日常工作，他们追求的产品质量标准都是"零缺陷"，而不是"差不多就好"。

工作无论大小，都要求我们必须具备锲而不舍的精神、坚持到底的信念、脚踏实地的务实态度，本着小事也要做到位的原则，把事情做到100%的合格。而且，小事如此，大事当然更是如此，古说的"一屋不扫，何以扫天下"也是一个绝佳的佐证。如果你想飞得更快、更高，那么就把眼前的工作做到"零缺陷"吧！

坚持标准和质量可以提升自身的能力和素质，对于销售人员而言，坚持标准和质量可以增加销售，降低成本。以生海鲜为例，同一种产品，保质期有三天和一天的区别——假若保质期为三天，员工会在第一天采购很多产品，卖得不好也不着急，因为第一天卖不出去，第二天、第三天可以继续卖；而保质期为一天，员工在采购材料时就会花心思计算合理的销售额，控制成本，在产品不好卖时他会主动站

在货柜前向顾客推销,否则到关店时还卖不出去,就变成弃货和损耗。

由此看来,标准可以激发每个人的智慧和提升个人的工作能力。海尔集团在创业之初,张瑞敏当着全厂员工的面砸掉76台冰箱,砸出了海尔人的质量意识,成为海尔集团发展的根本保证。

对工作要有高标准

标准是做任何事情的最低要求,优秀的员工总是坚持自己或公司的做事标准,他们时刻要求自己遵循公司的信条和做事准则,始终不渝。

怎么样才能让别人喜欢你?要做到你在他面前,能让他感到很舒服、很自在、很优越、很有成就、很有自信——周星驰深深地了解这一点,所以他成功了。

周星驰的票房之所以会高,不仅因为他善于演喜剧片,而且因为他是一个"心理学专家",他懂得真正的成功之道——在事业的追求上,不要降低自己的标准。他知道"在把别人垫高的时候,就是在把自己放低"的道理,让别人有"安全感"。

在职场中,曾经有这样的说法:让别人有了"快乐",让别人有了"自信",让别人有了"希望",这样别人才会喜欢自己,让自己

第二章 低调做人，高调工作

顺顺利利地成功。

鲤鱼们都想跳过龙门。因为，只要跳过龙门，它们就会从普普通通的鱼变成超凡脱俗的龙了。

可是，龙门太高，它们一个个累得精疲力竭，摔打得鼻青脸肿，却没有一个能够跳过去。它们一起向龙王请求，让龙王把龙门降低一些。龙王不答应，鲤鱼们就跪在龙王面前不起来。它们跪了九九八十一天，龙王终于被感动了，答应了它们的要求。鲤鱼们一个个轻轻松松地跳过了龙门，兴高采烈地变成了龙。

不久，变成了龙的鲤鱼们发现，大家都成了龙，跟大家都不是龙的时候好像并没有什么两样。于是，它们又一起找到龙王，说出自己心中的疑惑。

龙王笑道："真正的龙门是不能降低的。你们要想找到真正龙的感觉，还是去跳那座没有降低高度的龙门吧！"

没有高要求就没有高动力。问及很多高效的销售员，为什么他们能够创造奇迹般的销售业绩？他们的回答各种各样，但是其中有一点非常地相似：他们对自己都有着极高的要求。他们都要求自己能够做到完美的状态，能够使顾客百分之百地满意，同时要求自己能够成为公司团队中的最佳一员，要求自己能够为公司和同事创造真正的利益与价值。正是拥有了这样的高要求，他们才有了强大的内在动力，并向着成功的方向努力。

曾有一名伟大的推销员这样回忆他成功的历程。他说他开始做推销之前就读了很多关于自我启发的书籍，这方面的书籍堆满了他的书架。这些书中给他影响最大的是拿破仑·希尔的《成功哲学》。

至今还有许多话让他记忆犹新："如果你想成功，必须明确自己的追求，并且要明确付出多少代价才能把它搞到手。为此，你要具体地设定目标，详细、周密地做出到达目标的行动计划，尽最大努力去做，每天大声唱读，在没有实现目标之前就以目标的最高标准来要求自己。"当时，他的内心被"实现目标之前就像实现后那样的高要求来认真对待"以及"所有的成功都取决于人的精神状态"等观点所深深震撼。

韩国现代公司的人力资源部经理在谈到对员工的要求时是这样说的："我们认为对员工的最好的要求是，他们能够自己在内心中为自己树立一个标准，而这个标准应该符合他们所能够达到最好的状态，并引领他们达到完美的状态。"在很多公司中，对员工的要求已经由原来的公司规定怎么做，员工只要老老实实照做，变成了员工自我加压、自我完善。这样的转变要求员工必须高标准要求自己，这样才能达到自我管理、自我发挥的状态。

对于员工来说，以最高的标准要求自己，在工作的时候，就意味着做到让客户百分百地满意，让客户感受到超值的服务。这就是卓越员工工作的唯一标准。这样的标准在实际工作中，一方面将造就优秀的员工，另一方面将造就成功的企业。

在各种行业中，零售业是最考验服务水平的行业。很多专家都研究过沃尔玛成功的原因，专家们分析得出了三个结论：一是沃尔玛拥有全球性的信息网络，能够及时有效地反应全球的零售业变化；二是沃尔玛拥有整体高效的成本分摊系统；三是沃尔玛员工提供了优质而无可挑剔的服务。在沃尔玛的店面里，员工都以最高的工作标准警醒

第二章 低调做人，高调工作

自己。员工的微笑服务、耐心、诚实早已经是最基本的准则。他们追求的是向心中的完美状态进发。拥有这样的员工的沃尔玛当然不可阻挡地成为了零售业的巨头，甚至超过了很多实业公司，成为世界企业500强的第一名。而沃尔玛的员工也为自己是沃尔玛的一员而骄傲，因为这意味着优秀、完美与卓越。这便是员工用最高的标准要求自己给企业和自己带来的巨大效益的事例。

其实，工作是成就事业的唯一途径，如果把工作看成是生活的代价，是一种无可奈何、无法避免的劳碌，那将是十分错误的！

一个对自己的工作没有任何标准的人，是不可能做出好成绩的。由于自己对工作没有用一个严格的标准来衡量，因此备感工作艰辛、烦闷，自然他的工作也不会出色。

还有不少人自命清高、眼高手低。他们动辄埋怨自己被老板盘剥、替别人卖命、打工，是别人赚钱的工具，因而在思想上产生了严重的抵触情绪，聪明才智没有用来思考如何十全十美地做好上级交给的工作，而是整日抱怨，把大好光阴和大把精力白白浪费掉了。长此以往，轻视工作、抱怨等恶习会将他们卓越的才华和创造性埋没，从而成为没有价值的员工。因此，在职场中，一个人即使很有才华，但如果对自己没有一个成功的标准，不尽心尽力，只是一味地应付工作，那么他是难以取得成功的。

掌握衡量工作的标准

一直以来,很多人把成功简化为"赢",但"成功"并不是那么简单的,它是个相当奥妙的课题。比尔·盖茨认为,衡量成功的方式有很多,其中最简单的一种方式是看他给周围的人提供了多少帮助。他说,社会上看待成功有传统的标准,就是看一个人是否有新的创造,是因为这样的创造,给人们的生活带来方便。

高夫是著名的职业演说家。他指出:成功的意义并不总在一个"赢"字。

高夫讲述了一个智力不足的年轻女孩曾将成功的真谛表达得淋漓尽致的故事。

在一个大城市的精神病患者举行的运动会选拔赛中,参赛者如同正常人一样,竞争得非常激烈。在中距离赛跑项目中,有两个女孩竞争得格外厉害。最后决赛时,这两个女孩更是备足了力量较劲。

最后有四名选手进入决赛,要决定谁获得该城的冠军。比赛开始,女孩子们在跑道上前进。这两名实力最强的选手很快便将另外两人抛在后面。

在剩下最后一百米的时候,两名跑者几乎是比肩齐步,都极力要跑赢对方。就在这个时候，稍微落后的那个女孩脚步不稳，绊倒了。按照一般的情况来说，这等于宣布了谁是赢家。

但这一回可不是这样。

领先的跑者停下来，折回去扶起她的敌手，为她拂去膝盖和衣服上的泥土，此时，另外两个女孩子已冲过终点线。

赢得比赛是当天竞赛的目标，但谁才是这次比赛中真正的赢家，应该是毋庸置疑的。那个小女孩已将她最重要的能力发挥到极致——爱的能力；而爱的能力使她比一般人赢得更多。

如果生性喜好竞争，你一定忍不住要想，有朝一日你也能得到同那女孩一样的成功。但你必须得先了解，爱的喜悦远胜过胜利的滋味。若你能两者兼顾，那么也许你是个超人。

人生中有许多时刻，你表面上输了，但其实你才是真正的赢家。

也许你将大部分的精力投注于世俗的目标上，也许现在你事业生涯快到终点，但是你也能专注地增加你内心里爱的能力。你下一个20年的目标是默默给予别人帮助、学习得到内心的平静，以感恩和谦逊去迎接命运所注定的事情，并以勇气接受并不那么美好的事。

为了达到那个目标，你得向各种想法开放。

但当你面对满天的繁星，拥有晴朗的、阴晦的心情，你就会明白，原来世上的事你还有那么多不明白。我们只是这个世界微乎其微的一部分，只是生命长河里渺小的一滴水，所以，我们在每走出一步的时候，不要以结果论成败，最重要的是过程，是你在旅途中所能采撷的任何一朵小花。

一名员工在工作中的状况可以用"逆水行舟"来形容。任何人，

只要他停止了努力,那么他也就停止了进步。在这个竞争激烈的时代,停止进步就意味着退步,他永远不可能达到成功与优秀那一天。因为在他接近成功的时候,他又开始后退。

那么如何才能克服这一点,以达到完美的境界呢?答案就是没有止境的努力和不断的超越———因为标准没有止境。

成功的标准并非像大多数人想象的那么狭窄,关键在于清楚究竟想要得到的是什么,而不是按照社会的标准来界定成功的定义。如果你只有单一的成功标准,则很可能为了达到这个目的而放弃甚至丧失一些做人的原则和乐趣,变成既没有亲人也没有朋友的最"成功"的商人。马克思说过:"一个人通过自己的行动和努力,感受到自己的力量,看到了自己的内心,就会获得美的愉悦。"这句话完全可以是我们探讨广义成功标准的总纲。

"成功"是一种向上、不停歇的精神。它从一个瞬间过渡到另一个瞬间、从一种状态过渡到另一种状态,从一种"完成"转向另一种"完成"。很多人在被问及自己对成功的定义时,都不能给出一个确定的答案,而只能以调侃的口气做答。曾有个观念,叫"成功不是和别人比,而是和自己比,每天要长高,每天要有进步。"可是人不可能节节升高不舍昼夜,我们不能拔苗助长;我们有属于自己的土壤,所以不必千里流徙寻找"移植空间";我们有适合自己生长的季节,20岁做20岁的梦,25岁赚25岁的钱,30岁享受30岁的平和,所以就不会出现未老先衰或老而劳作……

在优秀员工看来,完美的标准就在于一种不断努力的过程。事实上很多人都不能够很好地理解标准没有止境这句话。他们认为,只要

第二章 低调做人,高调工作

做到了工作的全部要求,做到了工作的100分也就是达到了完美的状态。完美其实不是一种最终的结果,而是一种过程。在这种过程中,向完美进发的人对自我永远都处于不满足的状态中,他知道自己对于工作或者人生都是不完美的,即使自己正努力地按照要求来工作,但是这对完美来说还是不够。因为完美对应的是一种更高层次的人生境界。在这样的人生境界中,每个人都必须不断地努力才有可能获得进一步发展的机会。而那种自满,或者说认为仅仅按照要求做到了100分就认为成功的想法,在这样的精神境界中是没有地位的。拥有这样的精神境界的员工不会有自满与虚荣,只有不断地向更高层次冲击,使自己在这样一步步的努力中获得对自我的不断超越,做出对团队的巨大贡献。卓越员工的心态始终是:始终不断地努力工作,以超越最好的工作业绩为目标;终身不断地学习以获得新的经验,体验新的人生境界;在工作中永远心怀谦逊。

没有勤奋努力便不可能有完美。世界上无数的成功与辉煌的业绩都是在勤奋中获得的。辛勤工作是无与伦比的。

汤姆逊是一家咨询公司的员工。他受过很好的教育,才华横溢。他在这家公司工作很长时间了,却久久得不到提升。原来,他工作十分散漫、马虎,从未认认真真地把一件工作完整地做好过。他整日都在消磨时间,把精力都用来思考怎样逃过一项一项艰难的工作和应付上司的监督上。在工作时间,他虽端坐在自己的位子上,但他的心却不在此,他在想着头天晚上的球赛或晚上下班后都到哪里去玩。一旦工作推不过、不得不做时,他也是应付了事,根本不会考虑这样做会有什么影响,或给公司造成怎样的损失。正是因为他不把公司放在心

里,没有时刻想着公司,公司也把他"遗忘"了。所以,他直到现在还在做着平凡普通的工作,把自己的一生都耽误了。

所以说,不管从事什么工作,有所投入才能有所收获。只要你还在一个工作岗位上,就应该安下心来,认真负责地完成这项工作。如果你能够养成职业的责任感,对自己的工作高度重视,你就会成为老板最信赖的人,将会被委以重任。否则,你只能收获平庸。

我们的成功标准,不是看定时空里的一个标靶,瞄准、射击。生命的旅途上,我们在变化,标靶自然也要随之变化。曾经崇拜景仰的,有一天忽然会觉得也不过如此。曾经熟视无睹的,有一天你可能会发现是上天恩赐的最美妙的礼物。成功并不代表你就可以高坐在一个静止的点上,夸夸其谈,我们所说的"成功"是一种向上的精神气质。它由一个又一个微不足道的细节串联而成,是绵延的状态而不是被量化的一个点,它又像一场马拉松循环赛,今天别人胜过我,明天我胜过别人,别人这个方面胜过我,我那个方面胜过别人,你追我赶、此消彼长,彼此制约与守衡。光阴的竞技场上,竞赛者难分伯仲,但只要奔跑着、跳跃着,便是"成功"。

"成功"是生活本身,"成功标准"是终有一天,不再有人指着某个标杆对未来的青年人说:"这就是成功,你一定要这样才算成功,"因为我们不想为了"标准"而成功。尽管每个人所具有的天赋、所受的教育各不相同,但只要拥有自己的理想,在社会中找到属于自己的位置,就都能够成功。

第三章
智慧工作从节约开始

在市场以及职业竞争日益激烈的今天，节约已不仅仅是一种美德，更是一种成功的资本、一种企业的竞争力。能够有效节约的企业，会在市场中游刃有余，脱颖而出。同样，能够自觉为企业节约的员工，也会在职场中脱颖而出。

第三章 智慧工作从节约开始

节约是一种品质

节约是一种优秀品质，是一种精神，是一种教养，是一种美德。对于企业而言，员工的节约精神可以为企业增值。员工一旦有了为企业节约的意识，也就证明员工已经把企业当作自己的家并忠诚地为这个"家"着想。

沃尔玛的创始人山姆·沃尔顿说："我们珍视每一美元的价值。我们的存在是为顾客提供价值，这意味着除了提供优质服务之外，我们还必须为他们省钱。如果沃尔玛公司愚蠢地浪费掉一美元，那都是出卖我们顾客的钱包。每当我们为顾客节约了一美元时，那就使我们自己在竞争中领先了一步——这就是我们永远要做的。"

现在，经济的全球化使企业之间的竞争越来越激烈，企业面临的形势也越来越严峻。为此，除了提高产品的市场竞争力之外，有效地降低运营成本已经成为多数企业为自己找的另一条出路。道理很简单，在利润空间日趋变窄的情况下，谁的成本低谁就可以获得生存和发展的广阔机遇。另外一个迫使企业寻求低成本的原因是能源与原材料成本的提高。因此，作为企业的一员，树立成本意识、养成节约习惯，对于维护企业利益具有非常重要的意义。

有一位青年在美国某石油公司工作,他所做的工作连小孩都能胜任,就是巡视并确认石油罐盖有没有自动焊接好。石油罐在输送带上移动至旋转台上,焊接剂便自动滴下,沿着盖子回转一周,作业就算结束。这就是他的工作!他每天必须反复好几百次地注视着这种作业。这项工作任谁看起来都是单调机械、枯燥乏味的,然而,此人却在这份了无生趣的工作中找到了乐趣和突破。他发现罐子旋转一次,焊接剂滴落39滴,焊接工作便结束了。他想,在这一连串的工作中,有没有什么可以改善的地方呢?一天,他突然想到:如果能将焊接剂减少一两滴,是不是能节省成本?

于是,他经过一番研究,终于研制出37滴型焊接机。然而,利用这种机器焊接出来的石油罐,偶尔会漏油,并不理想。他没灰心,又研制出"38滴型"焊接机。这次的发明非常完美,公司对他的评价很高。不久,便生产出这种机器,并运用到实际工作中。虽然节省的只是每次一滴焊接剂,但"一滴"却给公司带来了每年5亿美元的新利润。

这位青年,就是后来掌管全美制油业95%实权的石油大王——约翰·洛克菲勒!

一滴焊接剂虽然微不足道,但累积起来,却是一笔不容小觑的财富。约翰·洛克菲深深了解节约成本对一个企业的重要性,于是他可以从众多员工中脱颖而出,这也从另一方面说明了他拥有为公司节约成本的认真精神,所以自然能得到老板青睐。

许多员工认为自己只是一个打工者,与公司只是一种雇用与被雇用的关系,甚至有意无意地将自己置于同老板或上司对立的地位,总

第三章 智慧工作从节约开始

是认为公司的一切与自己无关，节约下来的一切也只是给公司节约，对自己没有一点好处。这实在是一种错误的认识。虽然工作与取得报酬有直接的关系，但事实并没有这么简单，如果让这种想法控制你的思想，那么可以断言，在你的职业道路上也不会有什么好的发展。

但如果你能注意节约公司的财物，哪怕只是一张小小的纸片也会给你带来成功的机会。

一位年轻人到一家大公司应聘。当他走进办公室时，看到门角有一张白纸，出于习惯，年轻人弯腰捡起白纸并把它交给了前台小姐。结果，在众多的应聘者中，这位年轻人战胜了其他条件比他更好的人，成了这家公司的正式员工。公司董事长在给他分配任务时说："其实门角那张白纸是我们故意放的，那是对所有应聘者的一个考验，但只有你通过了。只有懂得珍惜公司最细微的财物的员工，才能给公司创造财富。"这位年轻人后来果然为公司创造了巨大的经济效益。当然在他给公司带来利润的同时，也为自己带来了财富。

任何一家公司，必须依仗开源节流，以此来达到赢利的目的，在崇尚利润至上的今天，每一名员工都应有一种为公司节约的意识，只有公司赢利，员工才会赢利。

在工作中，有些员工总是认为钱是企业的，即使节省下来也装不到自己的腰包里，何必节俭呢？对于节俭总是抱着一种可有可无的态度，平时在工作当中总是大手大脚的，随意地浪费原料，严重损害了企业的利益。这一方面说明员工缺乏在工作中的认真负责的精神，而且持有这种态度的员工，不会是一名好的员工；另一方面说明，这名员工并没有真正理解节俭的意义。

对于企业能否节约成本，以及能将成本节省到何等程度这一问题，员工肯定有很大的决定权。很多企业虽制定了很好的成本压缩制度，但没有得到员工的认真落实，也没能取得成效。所以，要想节约成本，关键要看员工是否具有认真、负责的态度。每一名员工在脑海里都要有这样的意识，那就是"花公司的钱要像花自己的钱"。

节约是一种认真的态度

要想节约成本,关键要看员工是否具备认真、负责的态度。一个从小处都为公司认真着想的人,肯定也会在其他方面为公司的利益着想。

有道是:"天下大事必做于细,天下难事必做于易。"无论任何工作,只要你肯认认真真、踏踏实实地去做,一定会做出成绩,做出精彩的。

克雷格·卡尔霍恩小时候,每年暑假都在父亲开的清污公司干活,父亲用一桶清洗液和一把钢丝刷,头顶烈日为儿子上了重要的一课:每一件工作都好比签名,你的工作质量实际上等于你的名字,只要脚踏实地、埋头苦干,迟早会出人头地。

他按照父亲的教导,用钢刷蘸着清洗液把砖头洗得干干净净。后来,克雷格·卡尔霍恩在西南食品超市由包装工升为存货管理员,整天干着装装卸卸、摆摆放放这样细小麻烦的工作,但他却一丝不苟,乐此不疲。有朋友屡次劝他:"别把青春耗费在这种没出息的事情上!"他却不以为然,仍是坚守着自己的工作信条:工作无大小,干好当下每件事。

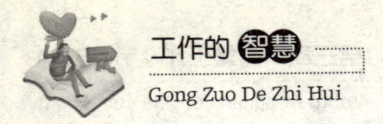

朋友认为他是个大傻瓜，一辈子也干不出什么名堂。然而，他却为自己干好了这桩谁都不愿干的工作而自豪不已，他相信父亲的话："只要自己不断努力，只要认真地做好每件事，上帝一定会眷顾你的。"果不其然，数年后克雷格·卡尔霍恩脱颖而出，成为拥有八家商店、一年总营业收入达5200万美元的老板！

每一个对企业认真负责的员工，都会把企业当成自己的家，会尽最大努力完成自己的每一项工作，把浪费降低到最低程度，小心地使用设备和服务设施，高效率地利用好自己的时间。这样，不论是开动一台机器，还是进行一次车间服务，或者是在办公室打印一份文件，他都会最大限度地节约每一分钱。

而事实上，一个具有节约意识、认真负责、处处维护公司利益的人才是老板愿意接受的人。

一家大型企业的财务经理讲述过这样一件事：这家企业为了方便员工和财务部的工作，所有报销单都采用自动复写的特殊纸张，每张报销单A4大小，成本为1.8元人民币。财务部门一再强调请员工注意这种报销单的节约，但是员工在填写报销单时，仍然是随意填写，填错了就撕毁，重新取一张来用。

财务部曾经做过一个统计，他们拿出去的报销单是收回的将近三倍，也就是说平均每位员工填写一张正确的报销单就浪费了另外两张。每位员工平均一个月报销两次左右，这样算下来，每位员工平均每年浪费近百元人民币。可能单看一个员工还不觉得是成本很高，可是一千多名员工每年因填写报销单竟然就浪费了近10万元！

他们也考虑过将报销单改为领用制，但是这样的确不方便员工的

第三章 智慧工作从节约开始

工作,如果企业员工为了领张报销单就要跑上几层楼,填错了又要跑几层楼再次领用,这也的确太不人性化管理了。

这位财务经理痛心疾首地表示,报销单是基本能够计算出来浪费了多少的,但是很多其他的费用,譬如纸张、墨水、笔等却很难精确计算出究竟浪费了多少,如果以这个比例去计算,得出的数字很可能非常惊人。

所以,无论是公司的主管还是公司的一名普通员工,都应马上树立节约意识,要时刻督促自己:"视公司如家。"当你有这种意识后,你慢慢也会从中得到益处,相信你的上级对你同样也会像对待自己的家人一样地信任你、重用你。同样的道理,如果你没有这种意识,那么你也得不到上级的信任。

小王和小李两个到一家公司应聘,一路过关斩将,进入了复试阶段。招聘公司总经理交给小王一项任务,要他去指定的那家商场买一打铅笔。距离要去的商场只有一站路,总经理建议他乘公交车去。自己买车票,回来报账。

过了一会儿,总经理好像忘记了一件事,又吩咐小李去那家商场买一瓶墨水。他们两个先后都回来了,在总经理面前报账。小王除了买铅笔的钱,来回坐车的钱是两元。而小李除了买墨水的钱,来回坐车的钱是四元。原来,时值盛夏,天气酷热,小王坐的是普通公交车,所以票价是一元,而小李却坐的是空调公交车,上车就要两元。所以,小李的车票钱和小王的车票钱不一样。

在现代社会,一个企业的兴衰成败很大程度取决于员工的节约意识,如果员工缺乏这种意识,那么整个企业的命运也就危在旦夕。

几年前，提起三株口服液可谓无人不知、无人不晓。三株公司在短短的三年时间里，销售额提高了64倍，达到80亿元，打造出了无比辉煌的保健品帝国，销售网络遍布全国，而且其触角直达各地村镇。总裁吴炳新曾自豪地说："中国第一大网络是邮政网，第二大网络就是三株网。"但短短几年时间，这个拥有15万员工的庞然大物就轰然倒下，令多少企业界的人士为之叹息不已。

三株公司的失败，原因是多方面的，但员工缺乏节约意识是很重要的一个原因。三株公司的浪费问题十分严重，例如，有的子公司70%的广告费都被浪费掉了；有的子公司一年的电话费竟然达到39万元，招待费高达50万元。更令人惊讶的是，公司出现危机时，有些员工竟然纷纷携款而逃！三株公司的员工并没有"视公司如家"这样的意识，最终偌大的一个公司倒下了。

只有每一名员工都将节约根植于潜意识中，树立"视公司如家"的意识，公司才能在激烈的市场竞争中永远立于不败之地，并永远领先于其他公司。只有公司的每一名员工都能主动去节约，公司的每一分钱才不会白花，公司的每一分钱才不会浪费，成本才能降到最低，公司也才最具有竞争力。

第三章 智慧工作从节约开始
Zhihui Gongzuo Cong Jieyue Kaishi

培养节俭的美德

勤俭节约是中华民族的传统美德，是中国人民世代相传的宝贵精神财富。继承和发扬这一光荣传统，需要每个炎黄子孙从我做起，持之以恒地坚持下去。厉行节约、反对浪费不是某一个人的事，也不是某个群体的事，我们每一个人都有节约的义务，都有节约的责任。

勤俭节约这一中华民族的传统美德，既是对社会公共财富的节约，也是对人民群众劳动成果的尊重，可是随着时间的推移、社会的发展，这一美德却与我们渐行渐远。作为社会的一分子，我们每个公民都有责任和义务，在日常工作、生活中让"厉行勤俭节约，反对铺张浪费"这一优良作风成为自己的习惯。反对铺张浪费，提倡勤俭节约，必须从我做起。

最有效的摒除惰性的方法就是保持节俭。节俭可以使企业领导者和员工冷静、理智、勤劳，从而使企业获得成功。

节俭不等于吝啬。然而，即便是一个生性吝啬的人，他的前途也仍然大有希望，但如果是一个挥金如土、毫不珍惜金钱的人，他的一生可能将因此而断送。不少人尽管以前也曾经刻苦努力地做过许多事情，但至今仍然是一穷二白，主要原因就在于他们没有储蓄的好习惯。

　　每一名员工，都要在工作和生活中提高成本意识，养成为公司节约每一分钱的习惯。节约实际上也是为公司赚钱。

　　无论公司是大是小，是富是穷，使用公物都要节省节俭，员工出差办事，也绝对不能铺张浪费。节约一分钱，等于为公司赚了一分钱。就像富兰克林说的："注意小笔开支，小漏洞也能使大船沉没。"所以不该浪费的一分也不能浪费。

　　一个具有成本意识、处处维护公司利益的人才是老板愿意接受的人。小杨和小李都是刚刚毕业的大学生，两个人无论从知识的扎实程度，还是从头脑的灵活运用能力来说都同样出色。他俩同时被一家很有实力的公司招了进去。上班的第一天，经理把他们叫到了办公室，很郑重地对他俩说："其实公司内部只缺一个人，主要是你们两个都非常优秀，所以招了你们两个，我们很难取舍。公司将在三个月的试用期结束后，宣布谁能留下。但如果你们都令公司满意的话，也有可能把你们两个都留下。希望你们在这三个月里，发挥各自的优势，好好表现！"

　　这无疑给小杨和小李拧紧了发条，他们都暗下决心：一定要做得比对方更出色。

　　三个月来，这两个初出茅庐的小伙子暗中较上了劲。同样是意气风发，学有所长，他俩用各自的方式表现着自己，谁也没有输给谁半分。经理也十分欣赏他们，似乎一切都表明公司会破例把两人都留下。但是试用期的最后一天，小杨的厄运还是来了，经理很遗憾地向他宣布他被解雇了。经理告诉他，其实他的工作一直很出色，只是他对待公司资源的态度表明，他不太适合在公司发展。事情原来是这样

第三章 智慧工作从节约开始

的，上个星期六的晚上，小杨去了同学那儿，为同学庆祝生日，由于晚了就没有回公司宿舍。第二天回来后，小杨直奔公司的办公楼，路上碰到了小李。小李问他昨晚去哪了，还提醒他宿舍的灯亮了一个晚上，让他回去关。小杨满不在乎地说："麻烦死了，反正不用我交电费，不回去关了。"此话刚刚出口，经理便从他们旁边走了过去。小杨对公司资源没有节约意识造成了他被解雇的下场。很自然地，小李被公司留下了。

只有具有节约成本的意识、懂得为公司节约的人，将来才能为公司赚钱。在很多企业中，有这样一种现象，许多员工在工作中没有节约意识，总是随便浪费公司的纸张、笔等办公用品。这无形中造成了企业资源的浪费，公司的收益自然也不会提高。

有这样一家贸易公司，主营业务是小商品批发，尽管表面生意兴隆，但年终结算时总是要么小亏，要么小赢，年复一年地空忙碌。几年下来，不但公司规模没有扩大，资金也开始紧张起来。眼看竞争对手的生意蒸蒸日上，分店一家一家地开张，公司老板张某决定向朋友求教取经。待朋友把一笔笔生意报出后，这个老板更纳闷了：两家交易总量并没有太大的差距，为什么收益相差却这么大呢？看着目瞪口呆的张某，朋友道出了其中的原委。原来，在公司员工的共同努力下，这家公司对商品流通的每一个环节都实行了严格的成本控制。比如：

联合其他公司一起运输货物，将剩余的运力转化为公司的额外收益，几年下来，托运费就赚了将近60万元；采购人员采购货物时严格以市场需求为标准，使存货率降至同行最低，每年大约节约货物贮存

费5万元，累积下来将近20万元；与供应商签订包装回收合同，对于可以重复利用的包装用品，待积攒到一定数量后利用公司进货的车辆运回厂家，厂家以一定的价格回收再用，这项收入大约为每年2万元；为出差人员制定严格的报销标准与报销制度，尽管标准比别家略低，但公司规定可以在票据不全的情况下按标准全额支付差旅费，该项措施每年为公司节约大约5万元。

在严格的成本控制下，不但公司节约了可见的资金，也培养了公司员工的成本意识，倡导节约、反对浪费已经蔚然成风……

所以，对任何一个企业来说，数量庞大的支出都需要每一位员工在每一笔很小的支出上进行节约，由此产生的效益就因其规模而显现出来。也许每一名员工节约的钱会显得微不足道，但对于一个企业来说，积累起来将是一笔数目不小的收益。

因此，作为企业的一名员工要积极主动养成为公司节约每一分钱的习惯，不要浪费公司的每一分钱，只有这样才能够使企业赢利，才能使自己得到一个更大的发展空间。

也许有人会说"节约这是公司的事，是老板的事，我那么节约干什么？老板又不给我加薪。"是的，节约确实是公司自己的事，但作为公司的一员，你的节约意识可以让公司多一个可以信赖的员工，可以说你的行为对公司有着最直接的影响。当然，不能说你不节约就会对公司造成什么大的经济损失，但至少可以反映一个人的思想境界及其对公司的忠诚度。一些不够忠诚的员工总错误地认为那是领导者的事，是职能部门的事，与自身关系不大，因而事不关己，高高挂起。但反过来想想，假如你把公司真正当成自己的家，你还会浪费公司的

第三章 智慧工作从节约开始

一针一线吗？所以，这些小小的举动不只是一个举动而已，更多的是你的人格和对待公司的心态问题。

朱子毕业后幸运地进入一家工作环境好的公司，报酬也丰厚，升迁的机会也多。朱子工作十分努力，很快就做出了成绩。年终他被上司召见，满以为自己可以获得更好的收获，但让他想不到的是老板竟对他说："朱子，你这一年的工作情况很好。不过，公司为控制成本，要紧缩人事，这是件不得已的事，想必你可以谅解。按照规定，你可以领取三个月的失业金，相信你很快就能找到更好的工作。"

朱子被这突如其来的打击惊呆了，有些不知所措，甚至怀疑自己是不是听错了，于是他壮着胆子问："你的意思是我说被解雇了？我到底犯了什么错？难道因为我工作不努力或者能力不够吗？"

"请你不要激动，公司能从几百个应聘者中选中你，完全可以看出，你个人的能力是没有问题的，工作也非常努力。但遗憾的是，你并没有把自己当作企业的一员。"说着，上司拿出一份资料，"据我的观察和记录，你在一年中的出差成本比同类员工的成本高出30%。从你报销的单据可以看出，你从来没有乘坐过比出租车更为方便和快捷的地铁交通，也从来没有吃过旅馆为每位住宿客人提供的免费早餐。另外，你在办公用品方面的领用率也几乎是别人的两倍，而你拿给我的工作报告也都是打在崭新的打印纸上的……"

也许按照一般人的想法来看，朱子工作努力，又有能力，浪费一点没有什么了不起，但从公司的角度来看却完全相反。这家公司能连续多年实现盈利，其成功的秘诀就是"质优价廉"。这家公司的产品比别的厂家的同类产品一定要便宜。正是这种微小的差别，他们才得

以战胜对手，赢得顾客的青睐。因此，这就要求企业必须严格控制成本，否则公司赢利的目标就无法实现。所以，公司要求每一个员工都应该为公司着想，节约成本，创造更大的利润。而朱子却没有做到这一点。

养成节省的习惯

注重节约、养成良好的节约习惯有利于员工自身良好习惯的培养、文明生活方式的形成。因此，树立节约意识对于企业、对于每个人都是有益的，也是十分必要的。因为，作为公司的一员，你的所作所为就代表着公司，别人从你的身上就能看出公司的"品格"和"素质"。

世界上所有规模庞大、实力雄厚的企业，都不是凭空产生的，而是靠着所有员工一步一个脚印创造出来的，是一分钱一分钱地省出来的。

美国航空公司（简称"美航"）是美国最大也是最赚钱的航空公司之一。美航的成功，归因于它的执行长官罗伯·柯南道尔及其管理团队所采取的一系列策略，其中包括开发出产业中的最佳信息系统、有效的行销策略（例如经常搭机旅客里程优惠方案）、高品质的顾客

第三章 智慧工作从节约开始

服务,以及追求将成本降至最低的热情。

美航想尽办法节省成本,包括更换现代化、短程,而且更省油的飞机;发展轴辐式的路线结构以减少间接成本;增加每班机的座位密度,通过劳动契约和双层工资结构减少劳工成本,以及削减燃油和其他非劳工的变动成本。

除了代表美航标志的红、白、蓝条纹外,美航飞机不加任何油漆,这项策略降低了油漆和燃油的成本。一架不上漆的DC10大约轻了400磅,因此每年每架飞机的燃油费大约可以省下12万美元。

20世纪80年代中期,美航把每架飞机的内部重量至少减轻了1500磅,而重量之所以能够减轻,是因为装上了较轻的座椅;把金属推车改为强化塑钢;换用较小的枕头和毛毯;在头等舱中使用轻型器皿,以及重新设计服务空厨。这些改变为美航的每架飞机每年至少节省22万美元。

柯南道尔和他的管理团队在追求成本最小化的过程中,做到了巨细靡遗。有一回,柯南道尔在美航班机上,把未吃完的剩菜倒入一个塑料袋,交给机上负责餐食的主管,下令"缩减晚餐沙拉的分量"!他还不满意,又下令拿掉每位旅客的沙拉中的一粒黑橄榄。如此一来,又为美航每年省下了7万美元。

有一回,柯南道尔为了省钱,开除了一条看门的狗。在一次访谈中,柯南道尔自己说明:"没错,我们在加勒比海边有一栋货仓,早先我们雇佣一个人整夜看守,后来决定要省掉这笔支出。有人说:'我们需要一个人来防止盗窃'。我就说'把他换成临时工,隔天守夜一次,也不会有人知道他在不在。'过了一年,我还想减少成本,

便告诉他们:'何不换成一条狗来巡守仓库?'我们就这么做了,而且有效。又过了一年,我还想把成本再往下降,下属说:'我们已经降到只用一只狗了。'我就说:'你们干吗不把狗叫的声音录下来播放?'我们如此做了,也行得通,没人知道那里是否真有条狗在看守。"

柯南道尔说:"我妈妈说过:'只要你有节省的愿望,那么你总会找到办法的。'我相信这一点。"

越是富有的人,越不会铺张浪费、挥金如土;而那些不是真正富有者,则往往喜欢打肿脸充胖子、摆阔气。事实上,越是有钱的人,往往不在乎使用廉价商品;而没有钱的人,却认为使用廉价物品会降低他们的身份。这种心态可以说是人类的一种悲哀。

曾有人说过,在我们的社会中,"浪费"两个字不知使人们失去了多少快乐和幸福。浪费的原因不外乎三种:一是对于任何物品都想讲究时髦,比如服饰、日用品、饮食都要最好的、最流行的。总之,生活得愈阔气愈好。二是不善于自我克制,不管有没有用,想到什么就去买什么。三是有了各种各样的嗜好,又缺乏戒除这些嗜好的意志。总结起来就是一个问题,他们从来没有考虑过要修养自己的性格,克制自己的欲望。造成现在社会上事事追求浮华虚荣的最大原因,就是人们习惯于随心所欲、任性为之。

每个人都应该量入为出,按照自己的收入过日子。要做到这一点,最重要的是诚实。挥霍浪费的人贪图一时的安逸享乐,花天酒地、不得不透支存款、提前支取工资、拆东墙补西墙、寅吃卯粮,结果必然是债台高筑,不得翻身,严重影响自己的行动自由和人格独

第三章 智慧工作从节约开始

立。许多人不屑一顾顺手扔掉的零钱和其他一些不当回事的支出，往往是人生中财富和独立人格的基础。

我们都听过一个古代的故事，讲的是有一个地主的儿子，喜欢吃包子。但他从来只吃包子里的肉馅儿，把包子皮顺手就扔掉了。住在他们家隔壁的是一个穷苦的老太婆，她看到地主的儿子如此浪费，感到十分心疼，她把被扔掉的包子皮都捡起来，收藏在一处。几年过后，老地主死了，地主的儿子没有任何本事，坐吃山空，很快把家当败光了，最后沦落到以乞讨为生的地步。有一天，他来到了从前的穷老太婆的家门口，老太婆给他端出了一盘白乎乎的东西，他吃过以后，连说好吃，忙问是什么东西。老太婆笑眯眯地说："这就是你当年扔掉的包子皮晒干做的啊。"地主的儿子听了以后，惭愧不已。

姑且不论故事中的包子皮能否保存许多年，至少我们从这个故事中能读出一些啼笑皆非的东西，希望我们都不要做这个地主的儿子，否则真有一天当我们的奢侈浪费遭到惩罚的时候，就只有我们自己来承担这个恶果了。节俭既不需要超人的勇气也不需要卓越的美德，而只需要一般的力量和普通人的能力。实际上，节俭只不过是秩序原则在家庭事务管理中的应用：它意味着统筹安排、合乎规则、精打细算和避免浪费。

所以，现在就开始节俭吧：少买几件漂亮衣服、住便宜的房子、开一辆大众的汽车、少去几次酒吧、抛开那些高档的化妆品，这样就可以换来银行里的生活积蓄。用这笔积蓄干什么不好呢？当你的生计无需仰赖日复一日的努力时，你会更有创造力。未雨绸缪的做法，使你大可以随心所欲，做你想做的任何事。比如投资一项你早就看好的

项目，去一个你一心向往的胜地，或者在你最想花钱的事情上自我满足一把。

节省每一分钱

节省的每一分钱都是地地道道的纯利润。假如纯利润率是10%的话，你节省1元钱，就相当于多挣10元。

世界上许多著名的公司都有这种看似抠门的习惯。丰田公司在办公用品的使用上节省得近乎苛刻，譬如公司内部的便笺要反复用四次，第一次使用铅笔，第二次使用水笔，第三次在反面使用铅笔，第四次在反面使用水笔。沃尔玛公司采集样品的窗口上，赫然写着"标签不可做它用"的提醒。在沃尔玛简朴如大卖场的办公楼里，员工不止一次被告知："出去开会，记得要把公司发的笔带回来，因为笔是要以旧换新的；平常用的纸，记得要两面用完再丢弃，因为浪费实在可耻。"至今，沃尔玛的首席执行官李·斯科特开的还是一辆大众公司的甲壳虫车，而且为了省钱，在出差时他还跟人合住一个客房！

在驰名世界的大企业里，越优秀的员工，就越懂得视公司为家的道理。也正是那些视公司为家的员工，造就了一个又一个强大的企业。当然，企业的这些规定并不只是针对员工，它们的老板往往会在

第三章 智慧工作从节约开始
Zhihui Gongzuo Cong Jieyue Kaishi

这方面起到带头作用。拉一下灯、省一张纸……虽然这些看起来都是小事,但这些细小的环节加在一起,就决定了一个公司的成败。节省在某种程度上而言,就是收入。而且,节省下来的每一分钱,就是所赚的每一分钱。因为,节省下来的每一分钱,都是地地道道的纯利润。

"泰山不让土壤,故能成其大;河海不择细流,故能就其深。"公司的发展壮大和节约每分钱的关系正是如此。

丰田总裁张富士夫说:"从根本上讲,杜绝浪费任何一点材料、人力、时间、空间、能量和运输等资源,是丰田生产方式最基本的概念。"

丰田汽车公司的理念就是:要将钱花在该花的地方。丰田的厉行节约是出了名的,用过的纸从来不会随意丢弃,铅笔削短了后还要套一个笔套继续用,几乎每天都有相关人员在技术革新上下工夫,以此将生产成本降到最低。

世界所有规模庞大、实力雄厚的企业,都不是凭空产生的,而是靠着所有员工一步一个脚印创造出来的,是一分钱一分钱地省出来的。

仅仅13年,三星奥克斯把它的电能表产量做到全球首位,虽然如此,这家乡镇企业起家的浙东民企最多也只是在电能表圈子里赢得尊敬。真正让中国大众熟悉并给它带来巨大声誉的还是空调业。1994年才涉足空调制造的奥克斯很长时间都是业内的无名小卒,但这个无名小卒从2001年起迅速窜红,到2003年,已跃居业内三甲了。

作为中国制造业的典型代表之一,奥克斯比它的中国同行究竟高明在什么地方,2004年它们又将制造什么样的看点?

低价是奥克斯空调的杀手锏。2003年,奥克斯在市场上发起了一

个又一个低价风暴。而低价的首要前提就是降低成本。

在国内众多的空调厂家之中，奥克斯是唯一一家除了压缩机、包装带等极少数配套件以外，其余零部件全部依靠自制且自制率达到90％以上的空调生产厂家。

"这是行业内从来没有的，但符合国际传统行业巨头的发展方向，多元化是必然之路，但是必须清楚一点，打造上下游产业链也是一种多元化。"三星奥克斯销售公司总经理吴方亮非常自豪。他认为当前国内空调产业已经发展到了成熟期，在这个阶段，企业之间互相比拼的是成本控制能力。

奥克斯作出零配件自制的决定取决于其采购价格比较的结果，拿自制配件车间与向外采购成本两者进行比较，如果自制比外购更划算，则坚决自制，而且自制还可以节省零配件的物流费用。

但奥克斯也不迷信自制，公司的采购政策是审时度势，随着市场环境的变化而不断变化。电能表零部件原先的外购成本是4元，公司经过测算和比较发现，如果自制的话，成本可以控制在2.5元，于是选择了自制的策略；一段时间以后，零部件市场竞争日趋激烈，价格下降到2元，该公司领导层反应迅速，及时调整了策略，果断地把该零部件厂进行了转让。

吴方亮表示，在制造环节上，奥克斯空调生产成本还存在进一步下降的空间，而奥克斯也将凭借这一点在2004年继续发起低价风暴。

曾经到过宁波三星奥克斯集团的人都知道，过去公司的北大门非常窄小。为改变这一状况，吴方亮曾要求门卫处增加两名保安人员来维持北门的交通。保卫科科长提出了一个建议：与其增加两名员工还

第三章 智慧工作从节约开始

不如将北门进行拓宽改造。保卫科长算了一笔账,增加两名员工的成本一个月至少3000,一年就是4万,而拓宽工程一次性投入也不过几万。吴方亮一想,觉得可行,就采纳了他的提议。

类似的故事在这家朝气勃勃的公司不胜枚举,据说该公司一名员工,在过去两年里因为向企业多次提出"金点子",获得合理化建议奖五十余万元。

在奥克斯,有一个"减一个人省10万元,减一个环节省1万元,减一个零件省10万元"和"加一项新技术值100万元,加一项新建议值10万元"的"加减法"理论,在效率效益上多做加法,费用成本方面尽量实现减法。

在一家民营企业里,是什么造就了敢和老板"叫板"的"大胆"员工?

吴方亮笑揭谜底:"是钱的力量,在我们这里,有一句很俗但也很实在的话,那就是'一切听人民币的'。"

"承包经营考核制"是奥克斯成本控制的另一个独门绝技。

在公司内部各个部门,甚至包括食堂、门卫、复印室、演示厅,能做到实行承包的尽量实行承包,能做到实行定额制的尽量实行定额制。在这种制度下,每个成本中心的费用是限定的,超过部分自理,节省部分自留。吴方亮说,奥克斯的员工都有一个理念,一切开支都与自己收入有关。因此,员工的节约意识大大增强。

当然,除了奖励,还有惩罚。

三星奥克斯集团内部每次召开职工大会,公司的领导们随身都会带上很多现金,而这些现金的用途竟然是为了罚款。因为公司内部有

规定,如果大会发言者未能对演讲内容事先做好准备就必须遭受不同程度的罚款;如果在开会期间接听一个电话将被罚款100元。据介绍,一位公司副总裁在一次会议上交过六千多元的罚金。

随着企业的发展壮大,三星奥克斯逐渐在全世界十几个国家和国内各大中型城市建立了自己的销售网络,毫无疑问,这对在成本控制上精打细算的奥克斯人来说又是一个重大的挑战,奥克斯是通过什么方式来控制全国那么多分支机构的成本呢?

吴方亮说,分公司的成本主要包括人员成本、信息成本、决策成本三大块。分公司的经理一般年薪底薪10万,奖金按照业绩提成,业绩好的分公司经理年薪可达到40万~50万;业务人员也是根据这种方式进行业绩考核,过去几年有的业务员的收入甚至超过经理。

信息成本主要通过ERP系统和企业产品进销存系统进行控制,每个分公司的员工都能对全国各个公司的产品销售、库存情况进行实时了解。

如今,正在朝着手机、汽车、医院、物流、房地产等多元化产业发展的奥克斯,更是面临着对资金管理的问题。

财务部总监郑君达说,集团一年的现金流量达数百亿元,资金成本占有相当大的比重,因此公司对各分厂、各部门都制定了严格的财务计划,不仅资金出现缺口要承担经济责任,资金回笼超过计划的也要予以处罚,因为这表明了各部门对资金的计划安排不周。三星奥克斯要求,每百万元的融资成本应该控制在2.8%以内,比银行的利率要低20%左右,仅此一项,企业一年可节约1200万元。

从一个很小的例子就可以看出奥克斯"节约一分钱就等于控制一

第三章 智慧工作从节约开始

"分利"理念的成功。奥克斯横跨电力产品、家电产品、通信、汽车、能源、物流、医疗、房产八大领域，业务增长迅速。像这样一个大型的企业，一年的用纸量是多少？也许很多人认为这是一个无足轻重的问题，但奥克斯十分细致地算过，是4.3吨。并且这些仅仅是用于对外投标书的制作和公文的传递。为了节省下每一分钱，奥克斯在企业内部，大至公司制度、请示报告和会议纪要，小到奖罚单、请假条和采购指令单，竭力实现"无纸化"办公，以节省成本。

节俭的观念在奥克斯的员工心中深深地扎下了根，为了能够为公司节约成本，他们甚至不惜顶撞老板。

与奥克斯的员工相比，有些企业的员工就逊色多了，他们总认为"家大业大，浪费点没啥"，大手大脚下，疏于管理，致使企业原材料浪费大，能源消耗大，影响了企业的经济效益，加剧了企业的经营困难。

节约一分钱就等于挖掘一分利，一个具有节约意识的员工或企业，在面对纷繁的竞争和未来的不确定性时，会具有更强的实力，会有更大的获胜几率。

每一名员工都要在工作和生活中提高成本意识养成为公司节约每一分钱的习惯。节约实际上也是为公司赚钱。

树立员工的节约意识，视公司如家

对于企业能否节约成本，以及将成本节省到何等程度上这一问题，员工也肯定有很大的决定权。很多企业虽制定了很好的成本压缩制度，但没有得到员工的支持，结果没能取得成效。所以，要想节约成本，关键是员工要具备节约的意识。每一名员工要在脑海里有这样的意识，视公司如家。可是，在一些公司里仍有许多员工认为自己为公司接的每一笔业务可能会有几十万或几百万的收益，在公司里浪费一点点是无所谓的。如果公司的每一名员工都有这样的想法，每一名员工都只浪费一点点，那么最后累积的数字将是十分惊人的。

每一名员工都应该了解，自己的工资福利完全来自公司的收益，因此，公司的利益就是自己福利的来源。"大河有水小河满，大河无水小河干"，说的就是这个道理。因此，帮公司节约实际上是为自己谋福利。

20世纪70年代中期，日本的索尼彩电在日本已经很有名气了，但是在美国它却不被顾客所接受，因而索尼在美国市场的销售业绩相当惨淡。但索尼公司没有放弃美国市场，派出了一位又一位负责人去开拓市场，这些人却寻找一大堆理由来逃避这项艰巨的任务。后来，卯

第三章 智慧工作从节约开始

木肇担任了索尼国际部部长。上任不久,他被派往芝加哥。当卯木肇风尘仆仆地来到芝加哥时,令他吃惊不已的是,索尼彩电竟然在当地的寄卖商店里布满了灰尘,无人问津。可见,在这里开拓市场有多么的困难,但卯木肇没有因此而找借口逃避,而是想方设法来履行自己的职责。

如何才能改变索尼彩电这种既成的商品印象,从而改变销售的现状呢?卯木肇陷入了沉思……一天,他驾车去郊外散心。在归来的路上,他注意到一个牧童正赶着一头大公牛进牛栏,而公牛的脖子上系着一个铃铛,在夕阳的余晖下叮当叮当地响着,后面是一大群牛跟在这头公牛的屁股后面,温驯地鱼贯而入……此情此景令卯木肇一下子茅塞顿开,他一路上吹着口哨,心情格外愉快。想想一群庞然大物居然被一个小孩儿管得服服帖帖的,为什么?还不是因为牧童牵着一头带头牛。索尼要是能在芝加哥找到这样一家"带头牛"商店来率先销售,岂不是很快就能打开局面?卯木肇为自己找到了打开美国市场的钥匙而兴奋不已。

马歇尔公司是芝加哥市最大的一家电器零售商,卯木肇最先想到了它。为了尽快见到马歇尔公司的总经理,卯木肇第二天很早就去求见,但他递进去的名片却被退了回来,原因是经理不在。第三天,他特意选了一个估计经理比较闲的时间去求见,但回答却是"外出了"。他第三次登门,经理终于被他的诚心所感动,接见了他,但却拒绝卖索尼的产品。经理认为索尼的产品降价拍卖,形象太差。卯木肇非常恭敬地听着经理的意见,并一再地表示要立即着手改变商品形象。回去后,卯木肇立即从寄卖店取回货品,取消削价销售,在当地

报纸上重新刊登大幅广告，重塑索尼形象。做完了这一切后，卯木肇再次叩响了马歇尔公司总经理的门。可听到的却是索尼的售后服务太差，无法销售。卯木肇立即成立索尼特约维修部，全面负责产品的售后服务工作；重新刊登广告，并附上特约维修部的电话和地址，注明24小时为顾客服务。屡次遭到拒绝，卯木肇还是痴心不改。他规定他的每个员工每天拨五次电话，向马歇尔公司订购索尼彩电。马歇尔公司的员工被接二连三的电话搞得晕头转向，以致误将索尼彩电列入"待交货名单"。这令经理大为恼火，这一次他主动召见了卯木肇，一见面就大骂卯木肇扰乱了公司的正常工作秩序。卯木肇笑逐颜开，等经理发完火之后，他才晓之以理、动之以情地对经理说："我几次来见您，一方面是为本公司的利益，但同时也是为了贵公司的利益。在日本国内最畅销的索尼彩电，一定会成为马歇尔公司的摇钱树。"在卯木肇的巧言善辩下，经理终于同意试销两台，不过，条件是：如果一周之内卖不出去，立马搬走。

为了开个好头，卯木肇亲自挑选了两名得力干将，把百万美金的订货重任交给了他们，要求他们破釜沉舟，如果一周之内这两台彩电卖不出去，就不要再返回公司了……

两人果然不负众望，当天下午4点钟，两人就送来了好消息。马歇尔公司又追加了两台。至此，索尼彩电终于挤进了芝加哥的"带头牛"商店。随后，进入家电的销售旺季，短短一个月内，索尼彩电竟卖出七百多台。索尼和马歇尔从中获得了双赢。

有了马歇尔这只"带头牛"开路，芝加哥的一百多家商店都对索尼彩电"群起而销之"，不到三年，索尼彩电在芝加哥的市场占有率达到了30%。

卯木肇在芝加哥开拓自己的市场的过程中，遇到了许多出乎人们预料的困难，但他在困难面前并没有像其他负责人一样寻找借口为自己开脱，因此他为企业创造了利润，取得了骄人的成绩。所以说，借口是浪费的温床。只有你在执行工作时，认认真真地执行，不找借口，才会在根本上杜绝浪费，让浪费永远也躺不到借口这张温床上去。

忠诚从节约开始

忠诚从节约开始，把企业财产当作自己的财产来珍惜，是一个忠实员工的必备品德。也许这只不过是举手之劳，但千万不要小看它，它直接关系着每一个员工和公司的前程。将自己视为公司的主人，时刻秉持厉行节约的原则为公司创造财富，是当代企业员工必须注意的现实问题。

现在很多员工仍然存在这样一个误区，他们认为自己只是一个打工者，与公司只是一种雇佣与被雇佣的关系，甚至有意无意地将自己置于同老板或上司对立的位置上，总是认为公司的一切与自己无关，节约下来的一切也只是给公司节约，对自己没有一点好处。这实在是一种错误的认识。虽然工作与取得报酬有直接的关系，但事实并没有这么简单，如果让这种想法控制你的思想，那么可以断言，你的职业道路也不会有什么好的发展。节约应该是企业与员工的共同选择。

事实上，单纯从企业和员工的利益关系来说，节约是企业和员工的双赢。对于企业来说，节约可以有效地降低企业的成本，提高企业的利润，增强企业应对市场变化的能力。提倡节约意识，还有助于逐步形成勤俭持家、注重节约的企业文化节，成为员工的自觉行动。同

第三章 智慧工作从节约开始

样,节约不仅对于企业有好处,更会惠及员工自身。每一名员工都能够自觉地为公司节约资源,为企业创造价值和效益,使企业的效益更好,企业就更有能力给予员工更好的福利和回报。

企业与员工本身就是一个共生体,企业要依靠员工;员工又要依靠企业这个平台。企业兴员工兴,企业衰员工衰。只有企业获利,员工才会最终获利,如果你作为企业的一名员工,你一面在为公司工作,一面又在打着个人的小算盘,怎么可能让公司赢利呢?你的利益又从何而来呢?

比尔·盖茨说:"我们赚的每一分钱都来之不易,都是我们的血汗钱,所以不应该乱花,应花在刀刃上。"

别指望有很多理由让你不认真地对待每一分钱,任何一个大企业家都是从点滴开始积累的,他们从不会丢弃属于自己的一分钱,也不会忽视一分钱的重要性。

福特是世界级的大富豪,他从来不浪费任何一分钱。

迈克是一家报社的普通记者。有一次,他为了采访福特,提早到了福特将要去的大酒店。他在那等了大概半个多小时,福特和几位身份显赫的企业家走了进来。为了不打扰福特,他准备等福特身边的企业家走了以后再进行采访。

两个多小时过去了,迈克看到福特拿着一张账单走了出来,对服务员说:"小伙子,你看看是不是你们算错了,上面有一些误差。"

服务员看也不看就对福特说:"先生你好,这个账单应该没有错吧!我们都算过两次了。"

"小伙子,你再仔细算算,如果你没有时间,我可以在这儿算给

你看。"这时,那些和福特一起来的企业家已经站在酒店门口耐心地等着他。

服务员看福特认真的样子,就说:"我再算一次吧!"几分钟后服务员说道:"先生,是有一些误差,不过我们没有准备太多的零钱,所以多收了你20美分,我们都认为像您这样的大企业家,应该不会太在意这20美分。"

福特笑着对服务员说:"刚好相反,对于其他人来说,也许不会在乎这20美分,但是,对于我来说,一美分都不会浪费,是我的我一定要。"

服务员没有办法,只能东凑西凑地找了20美分给福特,福特也如愿地走了。

服务员看到福特已经离去了,低声地说:"没想到像他们这么有钱的大富豪都会在意20美分,真小气。如果是我20美元我都不在乎。"

这句话刚好让记者迈克听到,于是他对服务员说:"不,小伙子,你错了,他不是一个小气的人,相反的,他非常的慷慨。你看看这份报纸,他昨天才给一家慈善机构捐赠了1000万美金。"

服务员看过报纸后,不明白为什么舍得1000万美金的人,会在朋友面前在乎20美分,于是对迈克提出疑问。

迈克回答道:"因为他懂得认真对待属于自己的每一分钱,在他的心里1000万的赠予和20美分的收取同样重要。"

许多年后,经历过这件事的迈克和服务员都取得了很大的成就。迈克经过自己的打拼成为了美国有名的报界名家,当初的服务员也成为了一个老板。因为他们在福特的身上学会了如何对待每一分钱。

世界上有许多富翁都是从小商、小贩做起的，只有扎扎实实地从小事情做起，才有希望做大事，这样从事的事业才会有坚实的基础。如果凭投机而暴富，那么，来得快，去得也快，钱赚容易，失去也容易。志高空调的董事长李兴浩，是靠卖五分钱一根的冰棍创业的；华人首富李嘉诚，他的成功也是从最低层做起的。所以，我们要想成功也应该从零开始。

有些人一心想发财，但不屑于赚小钱，只想赚大钱，结果大钱小钱都没有赚到。事实上，很多成大事、赚大钱的人并不是刚走向社会就能取得如此业绩。那些大企业家有可能是从一名伙计走向成功的；那些政治家大部分都是从小职员做起的；许多将军都是从小兵当起的。所以，人们很少见到刚走向社会就真正"做大事，赚大钱"的人！

当你的条件只是"普通"，又没有良好的家庭背景时，那么"先做小事，先赚小钱"绝对没错！你绝不能拿"机遇"赌，因为"机遇"是看不到，抓不着的。

而且"先做小事，先赚小钱"还能给你带来一些意想不到的好处。

"先做小事，先赚小钱"可以在低风险的情况下使你积累工作经验，同时也可以借此了解自己的能力。当你做小事得心应手时，就可以做大一点的事。赚小钱既然没问题，那么赚大钱就不会太难！

"先做小事，先赚小钱"同时还可培养自己脚踏实地做事的态度，这对日后"做大事，赚大钱"以及一生都有莫大的助益！

"先做小事，先赚小钱"还有一个好处，就是积小成大，积少成

多，时间久了，小钱也会变大钱。

所以，我提醒大家千万别自大地认为你是个"做大事，赚大钱"的人，而不屑去做小事、赚小钱。你要知道，连小事都做不好、连小钱都赚不来的人，别人是不会相信你能做大事、赚大钱的！如果你抱着这种只想"做大事，赚大钱"的心态去投资做生意，那么，失败的可能性很大！

所以，要学会："做大事从小事开始，赚大钱从小钱赚起。"

第三章 智慧工作从节约开始

帮公司节约，为自己谋福利

作为一名员工，如果你能够帮公司节约资源，那么公司一定会按比例给你报酬。也许你的报酬不会很快兑现，但是它一定会来，只不过表现的方式不同而已。当你养成习惯，将公司的资产像自己的财产一样爱护，你的老板和同事都会看在眼里。一位海外归来的博士，到国内一家公司里工作不久，同事们便把她看成办公室里的"另类"，因为她从来不用大家都习惯用的一次性纸杯和筷子，总是自备水杯和筷子；她拒绝吃用泡沫塑料饭盒装的盒饭，总是自备餐具；别人哪怕浪费一张纸她也忍受不了，总是刻意地提醒同事要注意节约，她自己更是经常拿用过一面的纸写字和打印文件；办公室里的电器一旦用不着的时候，都是她主动把它们关掉。

同事们认为她根本没有必要这样做，毕竟公司的实力还算雄厚，每个月的赢利也很可观，更何况老总也没在这方面有更多的要求。

但博士依然我行我素。几年后，当女博士离开那家公司时，那家公司的办公作风已经改变了：博士的那一系列原来被同事看成"另类"的行为，现在成了每位员工主动完成的事情。同事们也真正体会到了博士的可贵之处。

现在,公司的实力更加雄厚了,老总发现了其中的原因,他还时时想起这位给他带来更多利润的博士。而那位博士已经是某家公司的总裁了。每一个员工都应该明白,自己的工资收益完全来自公司的收益,因此,公司的利益就是自己利益的来源。

1993年,松下总公司写字楼及工厂在日本门真落成。松下准备举办为期三天的庆典会,招待客人的工作交给了后藤青一。

总部旁边盖了一座武道馆,松下要求员工通过练武来锻炼体魄与胆识。后藤被松下任命为武道馆馆长,武术表演被列为庆典的一项重要活动。

门真总部张灯结彩,印有公司标志的彩帜迎风招展,随处可见表示欢迎或体现公司经营思想的标语。其中一条标语是:"发现经营秘诀,价值100万。"庆典的头一天,松下检查准备工作,当他看到武道馆中的巨大神桌时,脸色马上一沉,对后藤后:"武道馆是很朴素的,干吗放这么豪华的桌子,马上换掉!"

后藤坐电车去市场,心里想:老板莫名其妙,都说他是吝啬鬼,果然如此,桌子买都买了,现在又要再花一笔钱换掉,岂不浪费吗?

后藤到晚上11才点才找到卖神桌的店,经过再三哀求,店主才开了门。可买好桌子,电车早没了。后藤只好走路回门真,背一张沉沉的桌子,走10公里路,可把后藤青一累了个半死。后藤一边走,一边在心里骂松下。

到门真总部,天还没亮,后藤就坐在门房里休息,心想:我累了一整夜,你松下总该表扬我几句吧。

谁知松下明明看到后藤买来的桌子,却一声不吭,既不问桌子是

第三章 智慧工作从节约开始

怎样买回来的，也不表明他满意。后藤心里很生气：你虽是老板，也该懂得体谅下属吧。

门真的庆典圆满结束。总部员工聚集在礼堂，喝酒庆贺。松下叫后藤上台，突然伸出一只手来对后藤说："交学费吧。"

后藤惊愕万分："这到底是怎么回事啊？"

松下说："那一天，你去买神桌，我把经营的秘诀现身教给你，价值100万，你该付给我学费啊。"旁边的人都大笑不已。

那么，松下教给了后藤什么秘诀呢？

那就是勤俭。已有神桌，再买神桌，表面上看是浪费，可实际上是在培养员工勤俭的习惯。古语说："成由勤俭败由奢"，作为一名员工，如果你能够帮公司节约资源，并在工作中力行节俭，那么公司会节约成本，增加收益。当然，员工的利益也因为公司收益的增长不断增加，这两者之间是成正比的。

当今世界变得越来越小，经济全球化的进程越来越快，市场竞争越来越激烈。竞争对手纷至沓来，拥挤在一个狭窄的市场空间里，分食一块奶酪，以至于市场上利润越来越薄，产品的利润无一例外都在下降，有人说我们已经进入"微利时代"。无论是传统产业，还是高科技产业，生意都越来越难做，这是所有企业的共同感受。

身处微利时代，除了赚钱的思路、观念需要及时进行调整、转变、更新外，更重要的是用节约的方法来降低成本，增加利润。当今社会，节约才是赢利的关键。

珠海市百分百超市就是一直秉持"节约是赢利的关键"这一理念而获利的典范。有一位顾客曾经在百分百超市遇到过这样一件事：在

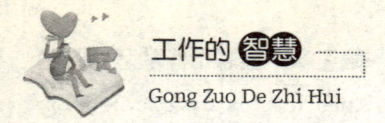

超市的六楼,这位顾客刚刚从电梯里走出来就看到一位女营业员正从楼梯走下来,她浅色制服的后面有些汗湿。这位顾客有些不解,便上前问她,有电梯,为什么还要爬楼梯呢?营业员略带气喘地告诉他,在超市里,无论总经理还是普通员工,只要不是运货,均不得乘电梯上下楼。这一规定已经坚持快四年了!当这位顾客听完她的回答后,不仅为他们的节约精神所震撼,还在内心中充满了对他们的敬意。百分百超市的"节约大计"受到企业领导层的高度重视,覆盖面是全方位的,令人印象尤为深刻。"节约是赢利的关键",这是他们的理念。

以该超市的电梯为例,从一楼开到七楼,一上一下,经核算总成本大约是三元钱。以前,有不少人乘电梯去七楼吃饭,饭堂的快餐本来才三元一份,可是这顿饭的成本却是六元。有的人乘电梯去厕所,公司岂不是也要负担三元成本?公司有30名管理人员和近200名普通员工,如果不加控制,平均一人一天乘一次电梯是完全可能的,这个费用就是六百多元。一年加起来二十多万元。企业要赚到二十多万元,并非易事,那得销售数百万元的货才行呀。如此这般把账算清了,就发现不节约是不行的。

该企业节约的措施还有很多,比如超市有两台中央空调,原来大多是一起开动的,曾经冷得有人在办公室里要穿毛衣,现在,很少两台中央空调一起开,除非某一天酷热,真有必要才会这么做。照明方面,2000年请珠海某节电公司装了节电装置,可以节电18.7%。这一节电装置的购买成本是二十多万元,使用仅10个月,节约的电费就超过了成本。

纸张两面使用在这里已经成为天经地义。该公司曾有一位中层干

第三章 智慧工作从节约开始

部去了别的公司工作，某日回来说，在新公司有一个不好的习惯，就是新公司的纸张都是一面用，让她觉得挺可惜。可见，在百分百纸张两面用，已达到了习惯成自然的程度。

另外，每位员工的工资都与是否节约相关。费用节省了个人可以得到提成，浪费则要受到处罚。要想做到这一点，全面量化有关费用是一个前提。比如，各办公室的电话费就量化了，即根据以往的电话费，订出一个标准。根据这个标准，节省有奖，超出大家分摊。扫把、纸张、文件夹等办公用品，员工领用时都知道，用多用少，跟自己的收入有关，能省就省。

他们认为，节约是可以省钱，但不单单是省钱而已，也是一个人素质和企业精神的体现。

百分百超市总经理在给员工上培训课时说：赢利有多种途径，节约可以使利润倍增！是啊，多节约一分钱，较之多生产一分钱要容易得多，只要每一位管理者与每一位员工稍加注意，便能把省下来的这部分利润收入公司的腰包。

每一个员工都应该了解，自己的工资福利完全来自公司的收益，因此，公司的利益就是自己福利的来源，帮公司节约实际上是在为自己谋福利。

节约是赢利的关键

我国的汽车市场,可谓是进口车的天下,中国自主品牌的汽车凤毛麟角。2001年,一个中国自主知识产权的汽车品牌在市场上引起了很大的震动,这就是奇瑞。

对许多汽车厂家和汽车消费者而言,奇瑞的迅速崛起始终是个未解之谜。一个后起的民族品牌,仅仅用了17.52亿元就形成了年产30万台发动机和15万辆整车的生产规模;2001年初获得轿车生产许可证,当年便销售5万辆轿车,赢利5个亿,成为公认的车坛"黑马";2002年的产销量双双突破5万辆,在国内汽车市场的占有率达到4.4%,成功跻身国内轿车行业"八强"之列;在车市一度低迷之际,奇瑞风云系列轿车一上市就创下月销售6000辆的纪录,令人不由得啧啧称赞。那么,"奇瑞崛起"的秘密到底在哪里呢?

年轻的奇瑞之所以能够获得如此优异的成绩,最具竞争力的优势就来自于成本管理上。为了降低成本、节省投资,奇瑞在建厂之初就制定了"整体规划,分步实施,快速建设,滚动发展"的原则,最大限度控制运营成本,节省投资总量。从建厂到现在,奇瑞一直使用自有资金发展,强有力的投资控制体系大大降低了投资成本。事实上,奇瑞建厂仅花费17.52亿元人民币，是国内其他中级轿车项目投资的1/6～1/5。投资减少了，分摊到每台车的成本就大大降低了，车价自然就便宜了。公司全部以参股的方式融资，没有一分钱贷款，避免了巨额付息及还本的沉重压力，消除了后顾之忧，自然也就没有这方面的成本要"转嫁"到消费者头上了，从而实现了同行无法企及的低成本优势。

为了最大限度地控制运营成本，奇瑞在确保设备质量和工艺需要的前提下，随产量的增长而有序增加设备的采购。这种滚动投资的方式既节约了一次性固定资产的投资，又减少了设备闲置折旧损耗。奇瑞在物资采购上坚持"货比三家，质优价廉"的原则。公司在项目建设之初便制定项目招投标制度，推行阳光工程。在付款程序上，奇瑞严格按照实际完成的质量进度和技术要求等——审核后方签字支付，大大节省了投资，保证了项目的健康发展。

另外，在人员管理上，奇瑞一律实行聘用制，根据员工的工作表现和素质高低，分为短期聘用和长期聘用。在中层干部聘用上，奇瑞则实行一年一聘，并实行流动管理，按优秀、较好、一般、较差四个层次进行滚动考核，同时推行末位淘汰制。这些大大增强了员工的危机感，提高了工作效率，降低了人员成本。

奇瑞副总经理尹同耀曾骄傲地说："我们每天都在降低成本。"这是一个事实，更是一种意识。奇瑞推出"六个一"工程，其中一个"一"就是"我为公司节约每一分钱"。在奇瑞，处处可见精打细算、点滴节约、降低成本的实例。比如，奇瑞每年加工剩下的钢材边角废料高达三千多吨，奇瑞人并没有把它当废料卖，而是用变废为宝

的思路对废钢铁大做文章。如果简单把钢材的边角废料当废料卖，一吨最多卖六百多元，但它们把边角余料进行分门别类整理，能再利用的就利用，不能再利用的实行分类定价、公开招标，其中最高的一吨卖到了2700元，为废料利用、降低成本找到了一条可行的捷径。除此之外，为解决各部门使用复印机价钱贵、维修管理费用高的问题，奇瑞采用了租赁而非购买的方式来统一管理。

　　就这样，奇瑞通过公司上下全体人员的共同努力为公司节约，使公司获得了市场，赢得了巨大的利润。

　　节约是赢利的关键，节约使成本降低，就能够获得高于竞争对手的平均收益，即使竞争对手把利润降低为零，自己仍可获利。

第三章 智慧工作从节约开始
Zhihui Gongzuo Cong Jieyue Kaishi

 省下的就是赚到的

"省下的就是赚到的，省下的越多赚到的也就越多"，这一理念，不仅适用于普通人的家居理财，同样也适用于政府机关、所有企事业单位的领导与员工在工作中贯彻执行。

可以说很多叱咤风云的大企业的利润实际上都是省出来的。被称为"塑胶大王"的王永庆是中国台湾的巨富之一，他曾居美国《福布斯》杂志华人亿万富翁榜首位、世界富豪排行榜第11位。显赫的地位和巨大的财富与他白手起家的经历形成了强烈的对比。王永庆成为国际工商界的传奇人物并不像电影中那样富有传奇色彩，甚至说起来还很平凡，他的致富经验用两个字就可以概括——勤俭。

60年前，王永庆只不过是一家小米店的店主。由于当时脱粒技术不过关，米里面很容易混进一些杂物。王永庆就一粒一粒地将混杂在米中的杂物拣干净，他从不因此而感到辛苦或者麻烦。有时为了一分钱的利润，王永庆会在深夜冒雨把米送到客户家中。勤俭使王永庆的米店日渐红火，为日后的创业打下了基础。1954年，他创建了中国台湾第一家塑胶公司（台塑），成为台湾最大的民间综合性企业。

王永庆说："多争取一块钱生意，也许要受到外界环境的限制，

但节约一块钱,可以靠自己努力。节省一块钱就等于净赚一块钱。"

在降低成本方面,王永庆不遗余力。1981年台塑以3500万美元向日本购买了两艘化学船,实行原料自运。在此之前,台塑一直租船从美国和加拿大运原料。如果以五年时间来计算,租船的费用高达1.2亿美元,而用自己的船只需要6500万美元,从中可以节省5500万美元。台塑把节省下来的运费用在降低产品价格上,从而使客户能买到更具价值的台塑产品。王永庆认为,最有效的摒除惰性的方法就是保持节俭。节俭可以使企业领导者和员工冷静、理智、勤劳,从而使企业获得成功。

王永庆曾经说过:"如果我们能够对一些细节进行研究,就能细分各操作动作,研究其是否合理。如果能够将两个人的工作量减为一人的,那么生产力会因此提高一倍;如果一个人能兼顾两部机器,那么生产力就会提高三倍。"

王永庆的经历向世人揭示了其成功的秘诀:凭借节约,尽自己的能力努力创造财富,让自己成为永远的赢家。

世界上所有规模庞大、实力雄厚的企业,都不是凭空产生的,而是靠着所有员工一步一个脚印创造出来的,是一分钱一分钱地省出来的。

以施莱克尔的名字命名的连锁杂货超市,在德国各地都有,而且越来越多。但是,这些超市却不是门庭若市,反倒经常是门可罗雀。这种店的店主也能发财吗?事实还真的就是这样:2003年年初,施莱克尔所拥有的资产高达13亿欧元,是一位名副其实的亿万富翁。

施莱克尔出生在德国斯图加特以南那一大片以"人人俭省"著

第三章 智慧工作从节约开始

称的施瓦本地区。1965年,年仅21岁的施莱克尔接管了他父亲的肉品店。同年,他在艾宾根城的边上开出了他的第一家自选商场。

1975年,施莱克尔迈出了他商业道路上的关键一步。那时正值杂货价格下跌,他创办了一家销售洗涤剂、刷子和香水等商品的新式商场。两年后,他已经拥有一百多家这样的商店。施莱克尔的扩张战略很简单、很特别,但也很有效。哪个城市不那么繁荣的街区如果有一家小店关门倒闭,施莱克尔便派人到那里。经过一番讨价还价之后,施莱克尔以超低价格租下店面。他并不要求高销售额,而只求以最低的成本来经营。

施莱克尔的这种超低成本经营法,有时竟到了让人哭笑不得的地步。例如,为了节省开支,有些分店很长时间里只用一名雇员。又如,在相当长的一段时间里,许多分店不安装电话。因为施莱克尔认为,电话放在那里只能被雇员们用来打私人电话。

施莱克尔通过自己的节约获得了成功。如今施莱克尔超市在德国已拥有八千多家分店、3.5万名员工,年营业额高达35亿欧元,是欧洲最大的25家商业集团之一。

施莱克尔之所以能够在欧洲市场上获得巨大的成功,就是因为采取了多种手段来加强控制自己的成本,努力节约每一分钱,坚持自己的低价销售的定位,以此奠定自己不败的地位。

规模越大的企业和越有实力的老板,越重视点滴的节省和创收,比如日立公司在开展节约运动时曾提出"一分钟在日立应看成八万分钟"的口号,意思是说,一个人浪费一分钟,日立公司的八万多名员工就要浪费八万多分钟;按每人每天八小时计算,八万分钟就相当于

一个人劳动166天。每个人浪费一点，累积起来就会给整个公司带来巨大浪费。

节约的都是利润

追求利润是企业的根本目标。企业利润就像人的血液一样，假如企业造血功能不好，发展就会受到限制。要想实现利润最大化，增加自身的造血功能，企业不但要会开源，更要会节流，降低各方面的成本。利润指标是定量的，如果降低了成本，就等于提高了利润，节约一分钱就等于挖掘出了一分利。

企业之间的竞争发展到一定阶段，不但是业务能力的竞争，更是成本能力的竞争。尤其在产品同质化严重的今天，谁拥有了成本优势，谁才能在竞争中胜出，才能获得最大的利润。所以，节约是企业必须掌握的一门技能，因为它决定着企业的成败。

奥克斯能够在空调市场上占有一席之地，就是因为采取了多种手段来加强控制自己的成本，努力节约每一分钱，以此来坚持自己的低价空调的定位。

节约一分钱就等于挖掘一分利，一个具有节约意识的人或企业，

第三章 智慧工作从节约开始

在面对纷繁复杂的竞争和未来的不确定性时，会具有更强的实力，会有更大的获胜几率。席尔瓦是巴黎的一位有名的银行家，但是他曾经一贫如洗。那时，他每天晚上都要到一家小酒馆里去吃饭，偶尔喝上一瓶啤酒。当时的啤酒用的是软木塞，他起初并没有怎么在意，后来发现市场上有人回收这些木塞，自己为什么不把它们收集起来卖呢？

于是，从那以后，他开始收集软木塞，每天都去吃饭的酒馆把能找到的所有软木塞收集回去。日复一日，他那样收集了整整八年，后来收集到的软木塞居然卖了八个金路易！

而这八个金路易就成了他发家的资本，后来投资到了股票市场上，逐渐赢利，后来成为了一名知名的银行家。他在死后留下了约300万法郎的遗产。

从一无所有到事业有成，家产几百万法郎，节约造就了席尔瓦。微不足道的一个个软木塞却给他带去创业的基础，可见，节约对于创业的人来说极其重要。赢利还是亏损，很可能就是由是否节约决定的，很多时候没有意义的花销看起来只有微不足道的几分钱，但长年累月众多名目的支出，累积起来就是一笔很大的支出，要想更好地获利必须节约，尽量减少不必要的开支。如果一个人能意识到"节约一分钱就等于挖掘一分利，"那么他将会使自己终身受益。

企业员工只有脚踏实地，做好自己的事情，找到降低成本的正确道路，才能够使企业成为市场上的佼佼者。

只有每一名员工都将节约根植于意识中，公司才能在激烈的市场竞争中永远立于不败之地，并永远领先于其他公司。只有公司的每一名员工都能主动去节约，公司的每一分钱才不会白花，成本才能降到

最低,公司也才能具有竞争力。

思科人力资源总监关迟说:"节约并不代表一毛不拔,它只是提醒员工他们在哪些地方花了钱,而哪些花费又对公司的赢利有着多大的影响。"

美国思科公司是赫赫有名的IT企业,年营业额近200亿美元,虽然受IT行业整体不景气的影响,2004年全年赢利仍高达19亿美元,现金还有二百多亿美元,可以说是财大气粗。

可思科的节约却到了近乎"抠门"的程度,思科新闻发言人让·皮维姗说,提倡节约已经成为思科的企业文化,公司自诞生起就在不断强化这种理念。公司董事长约翰·摩格里奇的格言就是:"花思科的钱,要像花自己的钱!"

在思科,节约几乎体现在日常生活的每一个细枝末节上。思科总部的自助餐厅和员工休息室的墙上,到处都张贴着名目繁多的"省钱技巧"。比如,乘坐协议公司的航班,每张机票平均节省100美元;把会议地点定在思科会议中心,比在酒店便宜,等等。

思科总部的办公楼、实验楼有好几十座,而公司领导却只占据一座中一层的一隅。从总裁钱伯斯算起,所有高层都只有一间背阴的小办公室,外带一间能放几把椅子的小会议室。

思科把世界各国的行业、金融分析师们请来,介绍公司的发展战略,参观各类新产品,公司领导悉数出动,技术人员热心讲解,但对这些能够影响公司股票升降的参观者,思科提供的午餐简单得惊人,只是盒饭——三明治两片、苹果一个、巧克力和点心各一块。

为了避免浪费,包括钱伯斯在内的思科所有员工,出差都要遵循

第三章 智慧工作从节约开始

统一标准，只能坐经济舱，住低价酒店，如果要升舱和住好一些的酒店，电脑会自动将超标部分从工资中扣除。

在员工休息室里，赫然张贴着这样的告示：每人每天少喝一瓶冷饮料，公司一年便可节约240万美元。有的员工于是替领导"分忧"，在留言板上写下大字："请喝自来水！"不过，虽然有"请喝自来水"之类的调侃，思科员工对于"勤俭持家"其实很重视。一年时间，思科通过各种手段降低的开支高达19.4亿美元。因为公司对思科员工来说确实是"家"，思科的3万多名员工，个个都有公司股份，公司"抠"出效益，大家都会受益。有此利益为纽带，自然会令行禁止。

说到"抠门"也不能不提到沃尔玛。一位记者曾对沃尔玛做了一次深入调查，发现其有一个既平淡却又令人称奇的重要秘诀。说平淡，因为这个秘诀不过是"节约"而已。令人称奇，则是偌大的企业竟"抠"得出奇：从部门经理到营运总监，随身携带的笔记本都由废报纸裁成；每逢节假日，所有文职人员都要投入到繁忙的卖场中；所有员工不能在上班时间发私人邮件；每月手机费必须打出清单；采购部工作人员一旦被发现与客户吃饭，要立即走人；大部分营业员不享受多种福利……

在沃尔玛发生的一件小事，足可以说明沃尔玛的节约精神：有一天，连锁店的一位新员工，在给顾客包装商品时，多用了半张包装纸，绳子包扎完后多剪了一段，而这事刚好被巡视的沃尔玛总裁萨姆·沃尔顿撞见了。他看见后讲了一番引人深思的话："小伙子，我们卖的货是不赚钱的，只是赚一点节约下来的纸张和绳子钱。"

财大气粗的思科、沃尔玛等跨国公司正是在一些细节上做到节约

每一分钱,并以这种节约精神推动着公司一步步向前发展,同时也感染着每一位员工,在他们每一个人身上都能看到节约的美德。

所以,如果想让自己的企业蒸蒸日上,独占鳌头,那么就从"抠门"做起吧!如果能真正做到节约每一分钱,那么,企业与员工的效益都会节节高升。

节约才能成为永远的赢家

所以，节约是企业员工必须掌握的一门技能，因为它决定着企业的成败。

为了降低成本，戴尔公司推行了强制性成本削减计划，要求在业绩上台阶的同时，把运营成本降下来。

戴尔公司采取双重考核指标，让各部门、各分支机构既要完成比较高的业绩指标，又要持续地降低运营成本。原本被很多人认为这是不可能的事情，在戴尔公司却要不折不扣地执行。2001年戴尔计划在未来两年到两年半的时间里，要压缩30亿美元的支出，这意味着其近三年时间内要压缩相当于经营成本的10%，即年均压低运营成本3%以上。戴尔公司给经理人的任务是"更高的利润指标，更低的运营成本"。为确保合理的利润回报，戴尔公司要求下属机构在2001年将运营成本压缩10亿美元。当时降低成本的主要措施是裁员和出售不符合战略的业务。2002年，戴尔公司又下达了10亿美元削减成本计划，这次削减成本的重点方向是运营流程等方面。戴尔公司总部给其中国客户中心下达了在外人看来可不能完成的任务，这个任务的难度在于基数本来就很小，1998年戴尔公司在厦门建厂的时候，运营成本只有IT

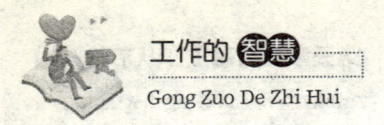

厂商平均水平的50%左右。在最近几年间，戴尔公司生产流程中的工艺步骤已经削减了一半。而戴尔的厦门工厂每年都很好地完成压缩成本的任务。到2003年戴尔厦门工厂的运营成本跟1998年刚投产时相比，只有当初的1/3。而2004年财务报告显示，就其最新的一个季度而言，戴尔的运营收入达到了9.18亿美元，占总收入的8.5%；而运营支出却降到了公司历史最低点，仅占总收入的9.6%。2004年，戴尔厦门工厂在产品运输方面采取措施来降低成本，每年又节省1000多万美元。

戴尔靠什么赢得市场？有的说是靠直销；有的说是靠供应链的快速整合。实际上，戴尔赢得市场的根本武器是靠节约来降低成本。

在当今时代，市场竞争异常残酷，尤其是在市场淡季更是如此。要想在市场淡季里构筑竞争的优势，只有依靠企业的节约，因为只有节约才会让企业淡季不淡。

20世纪90年代以来，美国航空业处于一片惨淡经营的愁云中，成立于1968年的美国西南航空公司却连年赢利。

1992年美国航空业亏损30亿美元，西南航空公司却赢利9100万美元。2001年美国航空业总亏损为110亿美元，2002年上半年美国航空公司亏损50亿美元；2001年和2002年上半年世界最大航空公司美洲航空公司分别亏损18亿美元和10亿美元；2002年美国联合航空公司申请破产保护。在市场一片萧条的情况下美国西南航空公司的所有飞机却正常运营，全部职员正常工作，财务上持续赢利，现金周转状况良好，被人们喻为"愁云惨淡中的奇葩"。

美国西南航空公司为何取得如此骄人的业绩？西南航空公司能够异军突起，秘诀在于公司对成本的节约。

第三章 智慧工作从节约开始

Zhihui Gongzuo Cong Jieyue Kaishi

在美国国内航空市场上，西南航空公司的成本比那些以"大"著称的航空公司都低很多。究其原因是多方面的，但最主要的原因是节约。

为了节约成本，西南航空公司拥有的四百多架飞机，全部都是波音737，这种机型是最省油的，运营过程中可以节约燃油成本。还有一点，公司的所有飞机机型都一样，这样可以实施较大批量的采购，增强了采购过程中讨价还价的能力，较高的采购折扣率降低了飞机的采购价格。这样就控制了飞机的原始成本。

西南航空公司还大力减少中间环节，节约开支。他们通过流程变革，减少公司对代理商支付费用，杜绝将中间环节的费用转嫁给消费者，"将折扣和优惠直接让给终端消费者"。他们采用通过电话或网络订票，以信用卡方式支付，不通过旅行社售票，尽量消除代理机构，减少和取消代理商售票，避免代理环节的费用开支；不提供送票上门服务。这样既降低了公司的成本，又给顾客带来了利益。订票过程的优化设计极大地降低了西南航空公司的经营成本。

为了最大限度地节约成本，西南航空公司甚至连机票的费用都给省下来了。该公司根据乘客到达机场时间的先后，在乘客到达机场服务台报出自己的姓名后，给乘客打出不同颜色的卡片，顾客根据颜色不同依次登机，然后在飞机上自选座位。这种设计既降低了机票制作成本，又提高了乘客登机的效率，减少了飞机在机场的滞留时间，有效地控制了公司租用机场的费用。西南航空公司提倡"为顾客提供基本服务"的经营理念，飞机上不设头等舱，间接地降低了公司的经营成本。不仅如此，由于取消餐饮服务，机舱内卫生比较干净，飞机着

陆后的清洁时间减少15分钟,这样减少了飞机在停机坪的停留时间,增加了飞行时间。

此外,由于飞机上取消餐饮服务,只为顾客提供花生米和饮料,腾出了飞机上为此项服务占用的空间,为此飞机上又可以增加6个座位,这样也间接地降低了公司的运营成本。由于飞机飞行过程中的一些改革,西南航空将服务人员从标准的四人减少了两人,人员的减少对成本降低的作用也是十分明显的。美国西南航空公司正是从方方面面来进行节约,从而大大降低了运营成本,最终得以被称为"愁云惨淡中的奇葩"。

市场上没有永远的强者,也没有永远的淡季,只有脚踏实地,做好自己的事情,找到从降低成本到营销战略的正确道路,才能够成为市场竞争中的胜利者。

拼的就是节约

百安居家居装饰建材连锁店，是世界500强企业之一，是拥有三十多年历史的大型国际装饰建材零售集团——英国翠丰集团的零售商，从1999年进入中国内地，至今已开设23家连锁店。中国公司2004年的营业额约为32亿元人民币，利润达7000万元人民币。

百安居何以能在竞争如此激烈的市场中获得这么高的利润呢？原因在于他们深知节约的奥妙，时刻注意用节约来提高自己的效益。百安居总经理用的签字笔价格仅为1.5元，很多人都不相信这是事实，但只要到过百安居的人都会知道，百安居从领导者到普通员工都很注重节约。百安居有着非常详细、严密的制度，他们正是通过这些制度，从费用细化、财务预算、操作规范等各个方面来控制自己的成本。对于各项开支，百安居都有一套成型的操作流程和控制手册。该手册从电、水、印刷品、劳保用品、电话、办公用品、设备和商店易耗品等八个方面提出控制成本的方法。在这项制度中，百安居甚至将用电的节约程度规定到了以分钟为单位。用电时间控制点从7：00到23：30，依据营业时间、配送时间、季节和当地的日照情况划分为18个时间段，相隔最长的七个小时，相隔最短的仅有两分钟。

　　预算与计划建立了节约的标准，很好地控制了企业的成本。在百安居的运营报表上记录着137类费用单项。其中，可控费用（人事、水电、包装、耗材等）84项，不可控费用（固定资产折旧、店租金、利息、开办费摊销）53项。尽管单店日销售额曾突破千万元，但是其运营费用仍被细化到几乎不能再细的地步，有的费用项目甚至单月预算不到100元。

　　百安居每一项费用都有年度预算和月计划。财务预算是一项制度，每一笔支出都要有据可依，执行情况会与考核挂钩。每个月、每个季度、每一年都会由财务汇总后发到管理者的手中，超支和异常的数据会做出特别的标示。在公司的会议上，相关部门需要对超支的部分做出解释。正是由于有了这种严格控制成本的制度，当百安居的总经理要将自己所买笔的价格控制在预算内时，他也就只好买1.5元一支的普通签字笔了。节约每一分钱的经营策略，使得百安居能够获得较高的利润。正是这种强烈的节约意识，使百安居的运营费用占销售额的百分比远低于同行。和百安居同样规模的企业，销售额只有百安居的一半，运营成本却比百安居多出一倍。成本相差如此之多，利润差异自然就在不言中了。

　　一个如此看重节约的企业，在微利时代，怎么可能会倒下，怎么可能不获得利润呢？在这样一个毛利率比较低的时代，戴尔公司同样也是一个成功的典范。

　　在市场竞争以及职业竞争日益激烈的今天，节约已经不仅仅是一种美德，更是一种成功的资本，一种企业的竞争力。节约的企业，会在市场竞争中游刃有余、脱颖而出。节约是利润的发动机，只有节

第三章 智慧工作从节约开始

约,企业才能生存。在微利时代,企业只有一种必然的选择:节约!

粗放式管理难以适应微利时代粗放式管理,很容易满足于"差不多"的管理,缺乏节约的意识。他们总认为在市场发育的早期,只要利润空间很大,只要人们胆大,有想法,就可以赢利,不需要在节约上下工夫。而事实上,粗放式管理的这种"差不多"的管理,是一种非常不准确、不科学的管理。很多企业领导张口就是企业将实现两位数的增长,但实际上却没有任何有说服力的依据。这种"差不多"的管理在措辞中往往带有差不多、大概等字样。

这样的管理实际上是一种短暂的管理,企业事先并没有进行足够的长期规划,企业政策往往是朝令夕改,不稳定性极大,抗风险能力低下。所以,在企业中,粗放式管理像舞台上的莽汉一样,注定要失败。在防腐、防弹、防火产品开发生产领域久负盛名的河南永威防火板厂,于20世纪90年代末开始生产防火贴面板。当时,国内仅有二十多条防火贴面板生产线,产品利润高达25%。然而,由于永威防火板厂采用粗放式管理,购买的机器和钢板等的价格远高于同期市场价格,且生产中的跑、冒、滴、漏等浪费现象非常严重,产品合格率仅为80%。同类企业生产240张防火板需90分钟,该厂竟需150分钟。到2002年6月,该厂已累计亏损800万元。与此同时,防火板厂猛增,国内防火贴面板生产线已由几年前的二十多条猛增至120条,每张贴面板的利润也从二十多元锐减至两元。可见,粗放式的管理已经难以适应微利时代的竞争,只有实行精细化管理,才能应对时代的挑战。永威人也同样看到了这一残酷的现实。产品微薄的利润已成为现实,他们认识到只有在管理上改进,才能在微利时代赚钱。于是永威调整了领

导班子，为企业带来了新的管理理念和新技术，逐步向精细化管理转变。

他们从堵塞跑、冒、滴、漏抓起，要求原材料直接从产地进货，年减少支出五百多万元；招标购进设备，仅钢板一项年节支一百五十多万元；实行效益工资制，产量、质量与车间主任、工人的收入挂钩，使产品合格率由80%提高到98%；实行款到提货，使资金回收率由过去的7%提高到100%；推出用料考核制度，吨纸出板量提高10%。

永威防火板厂从节约一点儿料、一张纸做起，从设备利用最大化抓起，实现增收节支。过去该厂车间里随处可见丢弃的材料，如今车间清洁，再也没有随便丢弃的现象出现；技术人员经过攻关，对四个车间的面纸进胶机进行改进，使进纸速度提高了39%；变自然冷却为强制冷却，使一个生产周期时间缩短为一个半小时。2004年12月，该厂投资1200万元新上第四条阻燃装饰板生产线，使生产形成了规模。当年即实现利税1500万元。

随着经济的发展、社会产品的极大丰富和人民生活水平的提高，人们对生活质量的要求越来越高，对产品和服务质量的要求也越来越高。在市场竞争日趋激烈的今天，产品或服务日趋同质化已经是企业必须面对的难题。同时，面对WTO带来的全球性的竞争，粗放式管理的竞争力越来越小。企业和企业之间在产品、技术、成本、设备、工艺等方面的同质化越来越强，差异性越来越小，从某种层面上而言，市场竞争越来越表现为成本上的竞争。所以，为了提高自己企业的竞争力，放弃粗放经营，进行精准管理，已经是大势所趋。科龙公司成功的例子，给我们证明了这条路的可行性。

第三章 智慧工作从节约开始

科龙公司作为中国家电业巨子,专门生产空调、冰箱、冷柜、小家电多种系列产品,同时进行多品牌运营,生产基地分布在顺德、成都、营口、南昌、扬州、杭州、吉林等地区,销售网络则遍布全国各地,在物流管理的广度和深度面临着较大的困难,原有的物流管理状况存在着许多问题,如机构臃肿、业务重叠、效率低下、成本较高等。通过一年多的努力,企业的物流变革取得了丰硕的成果,为企业的扭亏为盈做出了重要贡献。

为了降低成本,科龙实施了一系列措施,采取了精细化管理的立体行动:引入第三方物流,使储运式物流过渡到分销物流,最终实现供应链物流一体化。实施物流综合成本管理,使"隐性成本"显性化,追求综合成本的最低化。物流布局上,以生产基地为中心,各生产基地兼顾物流配送中心角色,设立大区域配送中心和分公司中转仓,建立辐射全国的物流配送体系,在市场需求、响应速度、数量充足等方面达到最佳的协调。

此外,还制定前瞻性人力资源规划,要求管理者具备当代先进的物流知识结构,掌握先进的物流管理技术,理论与实践相结合,内部培养、选拔与外部招聘、引进相结合。

科龙公司的这种精细化管理区别于传统的管理方式,对各项成本进行分科目建账记录,最终降低了成本,提升了利润。

所以,企业作为营利性的经济组织,在算经济账的时候要算"长账",不能算"短账"。粗放式管理可能短期内利润增长较快,但形成思维定势和运作惯性后很难扭转。这样转型到精细化管理的过程会有反复和痛苦,甚至不能成功。但如果通过努力不懈地推行,排除内

外阻力,建立起精准管理体制后,就有了持久的竞争力,往后的发展会相当顺畅,企业的竞争优势和长远的发展实力就提升到一个崭新的层次上了。

对比粗放经营和精细化管理,不难得出这样的结论:粗放式管理已经毫无竞争力。所以还在实行粗放式管理的企业要尽快转型到精细化管理的轨道上。

节约已成为企业的核心竞争力。企业的核心竞争力是企业获得持续竞争优势的来源和基础,企业如果想在经济全球化的大潮中立于不败之地,最有效也是最关键的一点就是提升企业的核心竞争力,只有全面提升自己的核心竞争力,才有可能在日趋激烈的市场竞争中获得利润。对企业来说,节约可以有效地降低成本,增强产品的市场竞争力,提高企业的赢利空间,增强应对市场变化的能力。宜家正是通过节约得以在竞争中立于不败之地。宜家是当今世界上最大的家居用品公司,是20世纪中少数几个令人炫目的商业奇迹之一。但宜家曾遭遇过非常艰难的一年。

那是2002年,欧元强势走入,以及中欧经济的滑坡,给宜家的经营造成了很大的影响。此外,由于新店对于老店的冲击所造成的"同类相残",影响比预期的要大。2003年,宜家全年的销售增长率几乎为零。但宜家并没有因此而被击倒,节约使宜家取得了在竞争中的优势。

宜家的经营理念是以低价销售高品质的产品,这就决定了宜家在追求产品美观实用的基础上要保持低价格。实际上,宜家的节约从产品设计的时候就开始了。也就是说,设计师在设计产品之前,就已经

第三章 智慧工作从节约开始

为该产品设定了比较低的销售价格及成本，然后在这个成本之内，尽一切可能做到精美、实用。

为了在设定的低价格内完成高难度的精美设计、选材，并估计出厂家生产成本，宜家专门成立了一个研发团队，这个团队一起密切合作，确保在确定的成本范围内做出各种性能变量的最优化。他们在一起讨论产品设计、所用的材料，并选择合适的供应商。

宜家的研发体制非常独特，能够把低成本与高效率结为一体。宜家的设计理念是"同样价格的产品，比谁的设计成本更低"，因而设计师在设计时竞争焦点常常集中在是否少用一个螺丝钉或能否更经济地利用一根铁棍上，这样不仅能有效降低成本，而且往往会产生杰出的创意。

宜家在厉行节约、降低成本方面，可谓是全方位的，考虑得非常周全。每一处能够节约的地方，宜家都不放过。在宜家看来，设计是一个关键环节，它直接影响着产品的选材、工艺、储运等环节，对价格的影响很大。所以宜家的设计团队必须充分考虑产品从生产到销售的各个环节。

为了能够节省每一分钱，将成本降到最低，宜家不断采用新材料、新技术来提高产品性能并降低价格。并且宜家还与OEM厂商通力合作，这种合作从产品开发设计便开始了。

在产品开发设计过程中，设计团队与供应商进行密切的合作。在厂家的协助下，宜家有可能找到更便宜的替代材料、更容易降低成本的形状、尺寸等。所有的产品设计确定之后，设计研发机构将和宜家在全球33个国家设立的40家贸易代表处，共同确定哪些供应商可以在

成本最低而又保证质量的情况下，生产这些产品。

除此之外，宜家还不断在全球范围内调整其生产布局——宜家在全球拥有近2000家供货商，将各种产品由世界各地运抵宜家全球的各中央仓库，然后从中央仓库运往各个商场进行销售。由于各地不同产品的销量不断变化，宜家也就不断调整其生产订单在全球的分布。

为了节省时间，宜家把全球近20家配送中心和一些中央仓库大多集中在海陆空的交通要道。这些商品被运送到全球各地的中央仓库和分销中心，通过科学的计算，决定哪些产品在本地制造销售，哪些出口到海外的商店。每家"宜家商店"根据自己的需要向宜家的贸易公司购买这些产品。通过与这些贸易公司的交易，宜家可以顺利地把所有商店的利润吸收到国外低税收甚至是免税收的国家和地区。

用节约来控制成本始终是宜家引以为豪的生意经。正是宜家方方面面的节约，增强了宜家的核心竞争力，也帮助宜家渡过了难关。

其实，降低成本不仅仅是生产制造部门的事情，在每一项价值活动中都会有成本控制的问题。要在各项价值活动中建立起成本控制的规划来，然后对各种活动进行自我比较，看看哪一项活动在改进成本方面取得的成效最为显著。同时，还要和我们的竞争对手做比较，看看我们和竞争对手之间的差距在哪里。

这样，才有利于我们更加清醒地认识到自己在成本改进方面尚待提高的地方，然后积极努力地去提高它。

当节约成为企业的核心竞争力，它就像我们每个人身体里的DNA一样，伴随我们每一天的工作生活，让我们在工作过程中，不断地、自觉地去挖掘可以改进的地方，寻找一切可能的机会，这样就能够把成本领先的精髓贯彻到每一项有价值的活动中去。

节省出效益

节省就是精打细算、勤俭节约。效益是企业永恒的主题，关乎效益的最直接因素就是成本，而降低成本就要节省，从小事入手，这样才能变小利为大利。

"勿以善小而不为，勿以恶小而为之。"节俭也是一样，不论大小。每一个企业都有许多细小的事情，这往往也是大家容易忽略的地方。有心的员工是不会忽视这些不起眼的小事的，因为他们懂得：大处着眼，小处着手，节约成本应当从一点一滴做起。

其实在工作和生活中，有很多小事是很容易做到的。例如：节约每一张纸，减少纸张浪费；节约每一度电，做到随手关灯，人走灯灭；节约每一滴水，避免跑、冒、滴、漏；节约每一升油，最大限度减少汽油损耗；节约每一粒粮食，避免饭菜超量供给造成浪费；不要把公司的办公用品私自拿回家据为己有。把平时习惯丢掉的纸张捡起来，看看是否还能派上其他用场。

当然，节约成本远不止以上几个方面，还需要在工作中多多留心。坚持少花钱多办事。一名优秀的员工就是要在点点滴滴之间节

俭，不放过能够节俭下来的每一分钱。一分一分地累加，就能成为一个巨大的数字，而这些都变成了企业的利润。

由此可见，"节俭"并非小事，它体现了一个人良好的素质和修养，关系到一个企业的的自身利益，万不可视"节俭"为吝啬。

在企业进入微利时代的今天，只有节省才能为企业卸下沉重的包袱，从容面对各种竞争。因此，当一个企业能够抠出低成本时，也就抠出了高效益。当然"抠门"绝不是该投资的不投资，而是杜绝浪费，将不该花的钱节约下来，让它发挥更大的作用。

节俭是一名员工的基本素养，但节俭并不是说要所有的员工都去考虑如何节省几千元、几万元的大笔资金，这对大多数员工来说是不大现实的。对于员工来说，节俭就在于点点滴滴之间。这里几元，那里几元，如果我们把节约的观念用在这些小地方，那么加在一起就可以成为很大的数目。

要经常检查一下自己是否故意将工作中产生的可报销和虚假报高，是否在公司的业务往来中收受贿赂或者回扣……要记住，不可为小利损害了公司的大利，也不可为眼前的利益毁了自己光明的职业前程。

在2003年度《财富》全球500强中，有一个有趣的现象：以营业收入计算，丰田公司排在第八位，但是以利润计算，丰田公司却排在第七位。数据显示，2003年丰田公司的利润总额远远超过美国三大汽车公司的利润总和，也比排在行业第二位的日产汽车的44.59亿美元高一倍多。丰田公司的惊人利润从何而来？

丰田公司的利润，很大一部分是由公司员工自觉节约省下来的。

第三章 智慧工作从节约开始

丰田公司的厉行节约是全球有名的。举个简单的例子。丰田公司的员工很在意组装流水线上的零件与操作工人之间的距离。如果这一距离不合适，取件就需要来回走动，这种走动就是一种时间浪费，要坚决避免。另外，丰田公司还有一个特别的地方：整个流水线上有一根绳子连动着，任何一个员工一旦发现"流"过来的零件存在瑕疵就会拉动绳子，让整个流水线停下来，并将这个零件修复，绝不让它进入下一个工序。

在丰田公司，有这样一个故事。一名设计师在设计汽车门把手时发现，原来的汽车门把手零件过多，这样就会增加采购成本。于是他利用晚上的时间对门把手进行了重新设计，结果把门把手的零件从34个减少到5个，这样一来，采购成本节约了40%，安装时间也节约了75%。当然，员工的利益也因为丰田公司利润的增长不断增加，这两者之间是成正比的。节约给丰田的员工带来了切实的好处，丰田的员工也就会自觉自愿地为公司省钱，最后二者实现双赢。

彩虹集团是我国第一只彩管的诞生地，是国内建厂最早、规模最大、效益最好的彩管制造企业，也是世界彩管业中配套最全的企业。据统计，在中国拥有彩电的家庭中，每四户就有一户使用的是"彩虹"牌彩管。

2001年，面对彩电彩管市场的严峻形势，彩虹集团发动全体员工开展了"抓质量，降成本，反浪费，求节约"的活动，以挖掘内部潜力，提高管理水平。

彩虹集团下属各单位积极响应集团公司号召，全面实施成本控制工程，要求人人养成精打细算的习惯，把成本控制工作贯穿于各个环

节之中，不断提高利润。

2001年，彩虹集团节约1.3亿元，占全年实现利润的近50%；2002年通过开展全员参与的成本管理活动，采购成本同比降低8.8%，计1.14亿元；生产成本同比降低17.58%，计1.78亿元。

此外，彩虹集团还举办挖潜增效成果展，79项成果参展，6400人参观，大力宣传了各单位、各方面的好经验、好方法，启发了员工的思路，鼓舞了士气。在连续两年开展的"智慧献彩虹"合理化建议活动中，共提出建议4万多条，已采纳3万条，为企业提高产品质量、降低成本、提高管理水平发挥了巨大作用。"始终做到成本最低"，成为彩虹员工工作中谈论最多的话题。

所以，节约不仅仅是管理者一个人的事情，企业里每一个人的行为都会对企业的整体水平产生影响，也就是说，企业的每一名员工都应树立节约的意识，让节约成为企业文化的一部分。

节约是企业与员工的共同选择，每一名员工都应该以节约为荣，杜绝一切浪费，并将节约转化为自觉行动。这样企业与员工才能共同得到发展。

第四章
不要为薪水工作

　　金钱只不过是一种商品，一种买卖双方都认可的交易之物，而这种交易使金钱有了生命力和意义。慷慨的施予者，不论贫富，都将用金钱为这个世界带来光明；那些锱铢必较的守财奴，也不论贫富，都将用金钱来关闭他们与外界的交流之门。做一个给予者和共享者，其他一切问题都会以某种出乎意料的方式解决。

第四章　不要为薪水工作

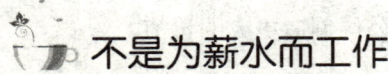 不是为薪水而工作

如果一个人只是为了薪水而工作，那么他的人生将是平庸的。工作的目的虽然不是为了获得报酬，但工作能给你带来的远比信封中的工资要多得多。

许多员工总对自己抱有很高的期望，认为自己很有能力，应该得到重用，应该得到相当丰厚的报酬。他们在工资上喜欢相互攀比，似乎工资成了他们衡量一切的标准。但事实上，一个人的工作能力是多年积累的，不是朝夕之功，并不是进入一家好公司就代表你能力出众，能获得丰厚的薪水。如果被眼前暂时的利益所驱使，就会错失发展良机。

有很多刚进公司的新员工这样想："我进了这家公司，公司能为我带来什么呀？能给我多少薪水啊？能给我提供发展的机遇吗？"而不去想自己能为公司做什么，能为公司创造多大的价值，能否对得住公司发给的薪水。他们甚至对薪水斤斤计较，总觉得公司发的薪水少于自己的付出，公司占了自己的便宜。于是就感到心理不平衡，就对公司有意见，就懈怠工作，却不去想想公司为培训他们，要花多大的成本。

工作的 智慧

一般来讲,刚进公司的新员工,因为职业素养不高、专业技能不足、实践经验不丰富,创造的价值小,所以薪水就少。当你创造的利润不断增大,或者为公司的品牌知名度不断增光添彩时,你所获得的薪水自然随之增多。与其盯着薪水攀比,不如想想如何承担起自己的工作使命和工作责任,怎样做好工作为公司创造更大的价值。

有这样一个故事:在宾夕法尼亚的山村里,曾有一位出身卑微的马夫,后来成为美国著名的企业家,他就是查理·斯瓦布先生。

斯瓦布小时候只受过短短几年教育,从15岁起,他就孤身一人在宾夕法尼亚的一个山村里赶马车谋求生路。两年之后,他才谋得另外一个工作,每周只有2.5美元的报酬。在这期间他每时每刻都在寻找机会。功夫不负有心人,没多久他成为卡内基钢铁公司的一名工人,日薪一美元。做了没多久,他升任为技师,接着升任为总工程师。过了五年,他便兼任卡内基钢铁公司的总经理。到了39岁,他一跃升为全美钢铁公司的总经理。

斯瓦布由弱变强的秘诀是:他每得到一个位置时,从不把月薪的多少放在心上,他最注意的是把新的位置和过去比较一番,看看是否有更大的前途。

当他还是钢铁公司一名微不足道的工人时,他就暗暗下定决心:"总有一天我要做到高层管理,我一定要作出成绩来给上司看,使他自动来提升我。我不去计较薪水,我要拼命工作,我要使我的工作价值,远远超乎我的薪水之上。"

斯瓦布先生给我们怎样的启示呢?不因为去计较薪水而分散自己的精力,便得以拼命工作。使自己的工作价值超乎薪水之上,公司才

第四章　不要为薪水工作

会带给你更多，加薪、晋升就成了水到渠成的事。

一个人对薪水斤斤计较，甚至整天琢磨怎样少干活、多捞钱，就失去了工作的动力，甚至藏奸耍滑，使自己的工作价值小于薪水。这样的员工怎能赢得上司的青睐呢？怎能获得发展的机遇呢？他们只会丧失在公司发展的机会，迟早被公司淘汰。

有一个人大学毕业后进了一家公司，在财务部任职。老板说，试用期是半年，干得好，半年以后加薪。

他刚到公司上班时，干劲特别足，每天干的活一点也不比老职员少。可干了两个月后，他觉得凭借自己在公司能独当一面的能力和工作量，完全可以获得更高的薪水，老板应该提前给他加薪，而不必等到半年以后。

从此他的工作态度来了个一百八十度的大转弯，对待工作不再像以前那样认真、细致，月末单位赶制财务报表需要加班加点时，他对同事说："你们加班是应该的，我的任务白天已经完成了。"言外之意，我的薪水低，没理由和你们高薪族一起加班。

半年过去了，还是没有加薪的迹象，他愤愤地离开了公司。

后来这家公司的同事私下跟他聊天："真遗憾，你白白错失了一个加薪晋升的良机。老板看你工作扎实，业务能力又强，本来想在第三个月就准备给你提前加薪，半年后，如果干得好，还有意提拔你为主管会计。"

一个多么好的发展机遇，就因为对薪水斤斤计较而丧失掉了。有些人，自以为自己有较高的专业技能，就把这当成了跟老板谈判的资本，还没为公司创造多大价值呢，就要求获得高薪，一时得不到满

足,就算计"给多少钱,干多少活。"有哪个老板欣赏这样的员工呢?老板欣赏的是那些有工作使命感、敢于承担责任、全力以赴的员工!

《圣经》中有一句话:"你用什么量器量给别人,别人也必会用什么量器量给你。"你能为公司创造什么样的价值,公司就会给你什么样的回报。当你的工作价值超乎薪水之上时,你一定会从公司获得非凡的发展机遇。

一个人所从事的工作,这个职业所给予他的薪水仅仅是其报酬的一部分,可以说,是很少的一部分。除了薪水,职业给予一个人的"报酬"还有珍贵的经验、专业的训练、才能的表现和行业素质的培养。而这些东西与薪酬相比,其内在的价值不知要高出多少倍。

在一个公司里,总有人是这样想的,他们觉得目前的薪水太微薄了,因此就逃避工作,在工作的过程中敷衍了事。长此以往,他们就埋没了自己工作的才能,从而使自己可能成就伟大事业的潜能无法获得很好的发展。职业是一个人生活的主要部分,难以想象,一个在社会上没有任何职业的人,能够生存吗?

其实,更重要的问题是,有了一个自己喜欢和适合去做的职业,同时也就是拥有了自己的生活方式。一个人就是在这个平台上来实现他的梦想的,或者说,在这个平台上,他才能与社会真正融为一体。说得更确切一些,他是为某个团队、某种事业而工作。

每个人对于自己的职位都应该这样想:我投身于企业界是为了自己,我也是为了自己而工作。固然,薪水是要努力挣一些,这是维持生活的必要。如果你是这样想的,而且已经做好了充分的准备,并付

第四章　不要为薪水工作

诸了切实的行动,你就会成为某个行业、某个团体、某个公司真正不可缺少的人。

你努力工作,工作回报给你的不仅仅是不断增加的薪水。如果你把工作本身看成是一种自我学习经验的良好的方式,而且也是提升自己生存能力的途径,那么,你的每一份工作对你而言都充满了巨大的机会。换一个角度来说,如果你是以这种方式来看待你现有的工作,那么,你的工作本身就已经充满了激情。

"最好的劳动成果总是由那些头脑聪明并具有激情的人来完成的。"

如果你已经是这样想了,如果你已经把你的想法在你所在的职位和从事的工作中的任何一个环节上体现出来了,你会为你的热情本身所感动。即使是每天按时的上班,也充满了活力。从这个角度来说,你的事业就是你的工作,你的职业就是你的事业的开端。

如果你已经选择了某个职业或者是工作,那么你必然是要选择努力、勤奋、热情的品质来实现你的价值。

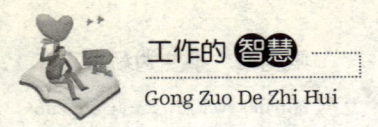

为薪水工作最可悲

人在不具备自己创业的条件下,需要为别人打工来取得基本的生活保障,并有所积蓄,以便为将来自己创业或选择自己所喜欢的职业奠定物质基础。

工作当中,薪水只是工作报酬的一部分,而且它所占的比例永远都是最少的,而在工作中所学到的经验、知识才是报酬中最大的一部分,这些经验、知识永远比薪水重要,它带来的价值是薪水的许多倍。

但是,作为一个想要立志成功的人,你就必须为将来的创业做好经验积累、技能提高、关系储备、增进知识等方面的准备。这就是说,工作所能带给你的,要远比工资带给你的多得多。如果你将工作视为一种积极的学习经验,那么,每一项工作中都包含着许多个人成长的机会。你是为薪水而打工,但不只是为薪水而工作。为薪水而工作,看起来目的明确,但是往往容易被眼前的利益蒙蔽了心智,使你看不清自己未来的发展道路。所以,薪水只是工作的目的之一,你一定要认识到比薪水更重要的东西。

那些因为薪水低而对工作敷衍塞责、当一天和尚撞一天钟的人,固然对老板是一种损害,但长此以往,无异于降低自己的价值,使自

第四章　不要为薪水工作
Buyao Wei Xinshui Gongzuo

己的生命枯萎，将自己的希望断送，使自己维持在一种低档次的生活水平上，过着一种庸庸碌碌、牢骚不断的生活，并因此而埋没了自己的才能，湮没了生命应该有的那种创造力。

所以，对一个想要成就一番事业的人来说，老板支付给你的只是薪水，但你一定要在工作中，赋予工作以更多的价值，你要在工作中支付给自己更多的东西。汪中求先生在《营销人的自我营销》一书提出：要将老板当作第一顾客，因为老板不仅给你了一个工作平台，一个发挥自己潜力的机会，而且出资将你的服务买下。这话说得非常有道理。对于一个打工者来说，一定要善待老板，将老板当作第一顾客。同时，在工作中要努力经营自己。不管你是为老板打工，还是为自己打工，你都要想到，你得到的不仅是薪水，还有珍贵的经验、良好的训练、技能的提高、自我认识的加深等很多东西，这些东西与有限的金钱比较起来，其价值不知要高出多少倍。

汉斯和诺恩同在一个车间里工作，每当下班的铃声响起，诺恩总是第一个换上衣服，冲出厂房，而汉斯则总是最后一个离开，他十分仔细地做完自己的工作，并且在车间里走了一圈，看到没有问题后才关上大门。

有一天，诺恩和汉斯在酒吧里喝酒，诺恩对汉斯说你让我感到很难堪。

"为什么？"汉斯有些疑惑不解。

"你让老板认为我不够努力"，诺恩停顿了一下又说，"要知道，我们不过是在为别人工作。"

"是的，我们是在为老板工作，但是，也是在为自己工作。"汉

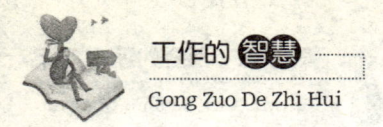

斯的回答十分肯定有力,"大多数人正像你一样,并没有意识到自己在为他人工作的同时,也是在为自己工作——你不仅为自己赚到养家糊口的薪水,还为自己积累了工作经验,工作带给你的远远超过薪水以外的东西。"

诺恩听罢,毫无表情,很不愉快地走了。

此后诺恩依旧比较懒散,而汉斯则一如既往地继续努力着。

一年后,诺恩表现平平,而汉斯则因业绩非凡而多次受到上司的表扬。

又过了半年,诺恩被老板炒了鱿鱼,失业的诺恩流落街头,靠捡破烂为生。而汉斯则当上了分公司的经理。

看到与自己同步打工的汉斯与自己有着天壤之别后,诺恩才开始后悔当初没听汉斯的话。"我不过是在为老板打工",这种想法具有很强的代表性,在许多人看来,工作只是一种简单的雇佣关系,做多做少、做好做坏对自己意义并不大。这种想法是错误的,它对公司和自己都有非常坏的影响。

工作是为了薪酬,但工作绝对不仅仅是为了薪酬,因为人生的追求不仅仅只为了满足生存的需要,它还有更高层次的动力驱使。我们应该对薪水有个正确的认识,告诉自己工作不仅仅是为了赚钱,人应该有比拿薪水更高的目标。

薪水是企业对员工所做贡献的相应回报,大部分的人都把薪水视为最关心的事。就以找工作来说吧!大部分人都会往薪水高的地方去,而不会往薪水低的地方去。可是,他们忽视了在工作中除薪水之外的那些更加重要的东西。

第四章 不要为薪水工作
Buyao Wei Xinshui Gongzuo

如果仅仅为薪水而工作，那么吃亏的将是你自己，失败的也只能是你自己。

资深策划申振武曾说："如果你认为每天是在为老板打工，那么你大错而特错！抱着这种心态工作，你永远不会成长和发展，亦将永无'出头之日'，更谈不上干一番事业！其实，我们每个人都是在为自己工作，每一份付出和努力，都将得到或必将得到超值的回报！这是不变的真理！"

既然是为自己工作，那我们就要投入百分之百的勤奋和激情来工作。拿多少钱，做多少事，钱越拿越少；做多少事，拿多少钱，钱越拿越多。此话的确为真理。但如果你选择前者，你的钱只会越拿越少。这就是不明白自己为谁工作的结果。你愿意工资越拿越少吗？如果一个人的工作目的仅是为了工资的话，那么他可能会无法走出平庸的生活模式。

某公司员工，在公司已经工作了十年，薪水却从不见长，职位也没有提升。他觉得自己为老板打工实在很不值得，有一天，他终于忍不住内心的郁闷，当面向老板诉苦。老板说你虽然在公司待了十年，但你的工作经验却不到一年，能力也只是新手的水平。一种态度决定一种结果，十年的大好青春年华过后，这名可怜的职员得到的只是1年的工作经验。如果他能懂得工作是为了自己，相信他绝对不会在十年中只积攒下1年的工作经验。

作为一个职场中人，一定要明白一个道理：一个人工作的最大受益人绝对不是老板，而应该是自己。工作是实现自我价值的一种方式，老板只是为我们提供了一个可以展示和发展自己的平台。所以，

我们是在为自己工作。这个信念必须注入到我们的思维深处。

在这个职业社会里，任何的目标和理想都必须通过工作来实现，你的价值只能在你工作的过程中得到体现，只有把工作当成自己的，你才会全身心地投入到你的工作之中，你才能获得精神和物质上的回报，拥有你理想的社会地位，并最终实现你的人生目标。

中国第一职业经理人唐骏曾说："我从来就没觉得我在为比尔·盖茨打工，为陈天桥打工，我就是在为我唐骏打工。我在经营我自己，我在为自己打工。"

成功的人之所以能够成功，是因为懂得自己为什么工作，为谁在工作。工作是在为自己一点点地积累着财富。20世纪50年代初，有一个叫柯林的年轻人，每天很早就到卡车司机联合会大楼找零工做。后来，一家百事可乐工厂需要人手去擦洗工厂车间的地板，没有一个人去应征，但柯林去了。有一次，有人打碎了一箱汽水，弄得满地都是泡沫。他虽然很生气，但却还是耐着性子把地板抹干净了，因为柯林明白：这是他的岗位职责。而他的这一举动恰好被公司领导看到了，第二年他便被调往装瓶部，他仍旧认真地完成自己的本职工作，第三年就被提升为副工长。

许多年后，全世界的目光都聚焦在他的身上——美国国务卿柯林·卢瑟·鲍威尔。他在自己的回忆录中写道："工作是为了自己，只要你永远认真努力地去对待自己所从事的工作，并把每一件事情做好，你一定会有所成就的。"

确实，我们工作的目的，不仅是为了满足生存需要，还有更高层次的追求，那就是自我价值的实现。

第四章 不要为薪水工作
Buyao Wei Xinshui Gongzuo

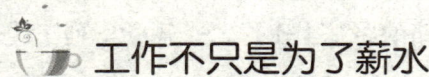 工作不只是为了薪水

工作给你带来的，远比有限的薪水更多。如果一个人只是为了薪水而工作，那么，他永远也不会成功，因为挣再多的薪水他也会觉得不够，挣钱越多欲望越大。成功人士会为自己的职业生涯寻找机会，而不是单纯地等待机会。他们会积极地开发一个项目，尽力去帮助别人，而不会去计较任何利益得失。伴随着你对公司、对团队贡献的不断增加，相应的荣誉也会随之而来，你也就能把握自己的未来了。

大部分人工作都是为了薪水，仔细地想一想，我们如此辛苦忙碌，真的就是为赚钱糊口吗？恐怕不尽然！如果只是赚钱糊口，有许多人根本就不需要工作。有的人只是卖一块地就够他几辈子花的。

其实为赚钱工作很不划算，每天辛苦地工作，每周或是每个月拿到一份薪水回来养家。这与做买卖有什么两样？你卖时间换钱是理所当然的。仅为了赚钱去工作，是在浪费生命的价值，是在与"钱"进行一场交易，这与做买卖没有什么区别，你卖时间赚钱是理所当然的。你在零售你的生命：一个月一个月卖掉，然后一点一点收钱。假如今天有人跟你说："我给你500万，买你的整个生命怎么样？"肯定没有人愿意出卖自己和生命。其实仔细的盘算一下，我们一辈子能赚

到500万吗？大多数人一辈子也赚不到，但如果有人出价500万，你为什么不卖呢？为什么批发你不干，零售你就接受呢？因为我们心灵深处知道这样一件事，就是我们的生命比金钱宝贵得多，所以不肯卖。

有这样一个真实的故事。

炎炎烈日下，一群工人正在铁路的路基上工作，一辆豪华列车缓缓驶来，这群工人不得不暂时放下手头工作。火车驶到他们面前时，突然停住，最后一节车厢的窗户打开，一个友善的声音从里面传出来："戴卫，是你吗？"工人队长戴卫回答说："是的，吉姆，能看到你真高兴。"寒暄几句后，戴卫就被喊他名字的人——铁路公司董事长吉姆邀请到火车上。两人谈了一个多小时后，才握手话别。

火车离开后，工人们立刻把戴卫围住，对他居然是公司董事长的朋友而感到吃惊。戴卫告诉工友，20年前的某一天，他和吉姆同时为铁路公司工作，并且在一起工作很长时间。有人因此半开玩笑地问戴卫："为什么吉姆已成为董事长，而你却还在太阳下工作呢？"戴卫意味深长地说："20年前我为每小时1.75美元的工资工作，而吉姆却为铁路事业工作。"

戴卫的话形象地说出了造成两人差别的深层次原因：为薪水而工作与为事业而工作，其效果是截然不同的。

人总要以一定的组织形式存在，要参与到各种各样的组织当中。当你处于一个组织当中的时候，你在自身生命之外，又被赋予了一种组织的生命，你就有了为所在组织工作的意义，并从赢得信誉中使生命获得升华，从为他人、为组织、为社会的奉献中找到生命的意义。

从一个团队来说，一个有着团队精神的员工是不会只为薪水而工

第四章　不要为薪水工作
Buyao Wei Xinshui Gongzuo

作的，因为如果那样的话，意味着他不会做自己份额以外的工作，不愿意在薪水之外多做一点事，多出一分力，就不会为团队的整体利益去牺牲个人的利益，就不会帮助其他团队成员，通过集体协作达到整体效应。

倘若你总是在消极地抱怨和计较薪水的多少，把工作当成一种苦役，自己的忠诚敬业和无限的创造力就不能得以发挥，工作上也很难做出成绩。说到底，不过是在混日子而已。

如果真是这样的话，那么你所做的不仅是不合格的工作，还与工作的意义完全相左。有些人认为，只要按时上下班就可以理所当然地领到薪水，而忽略了工作中的积极主动性。那些早出晚归的人，不一定是认真工作的人，也许在他们心中，更多地把每天的工作当成一种累赘、一种苦役，而不是一种获得成功的机会。

无论做什么工作，都要静下心来踏实地去做。要知道，你把时间花在什么地方，你就会在那里看到成绩，这是简单却又实在的道理。

事实表明，约70％的人是因为自己不适合目前的工作才被老板炒掉，而不是因为他没有工作能力。

如果你不只为薪水而工作，而是全心全意地努力工作，你就会发现，你的工作能力会逐步提高，这样的话，你就会为自己的成长而感到高兴；同时，你的薪水也会在不知不觉之间得到提升。因为，你工作努力，就会为老板创造业绩；为老板创造业绩，老板就会因为你的工作态度和工作成绩而奖励你，不管这种奖励是提升薪水还是提升职务。在工作中，有些人善于耍小聪明：要么上班迟到、早退，要么在办公室与人闲聊，要么借出差之名游山玩水，要么借报销之名将不应

得的钱财揣进自己的腰包。这些人自以为得计,但他们的损失将远远大于他们的所得。这种人,也许会得逞一时,但终将失败一世,永远与成功无缘。

所以,不要只为薪水而工作,否则的话,你就会因为将眼睛紧盯着工资而封闭了自己的视野,就会在无形中将自己困在只装着少许工资的信封里,从而将人生最有价值的东西丢失了。

因此,你应该清楚,老板支付给你的薪酬也许是微薄的,没有达到你的期望,但你可以在工作中使这微薄的薪酬增值,那就是宝贵的阅历、丰富的职业训练、能力的外现和品行的锻造。这些显然是不能用金钱来衡量的,也不是简单地用金钱就能买到的。

工作所回报给你的要比你为它付出的多。从一种积极的学习态度来看,也就是说,把工作看成一种经验的积累,显然,任何一项工作都蕴含着无数成长的契机。

不要刻意考虑薪酬的多少,而应珍视工作本身给你创造的价值,要知道,只有你自己才能赋予自己终身受益无穷的黄金,而你的老板给你的永远都是可数的金钱。也许你的薪水是微薄的,但是,如果你以一种积极的心态来对待,在工作中提升自己的技能,丰富自己的阅历,塑造自己的人格魅力,那么,你的收获就不仅仅是那些微薄的收入。

作为一名员工,不要因为过于关心眼前利益而影响将来的发展,职场就如同一场马拉松比赛,短跑强将未必会成为最终的胜利者。立足于眼前,并能着眼于未来的人,才是最后收获成功的人。

特别是对于初入职场的年轻人来说,千万不要对工资过于计较,

第四章　不要为薪水工作

更不要抱有"管理者给我多少钱,我就给管理者干多少活"的消极态度。作为企业而言,恰恰是要根据贡献程度付给员工相应的酬劳。倘若过于重视一时的工资收入,便会失去他人和企业对你的信任和好感,从而错过很多重要的发展机遇。

成功学大师卡耐基先生有句名言:"太计较小钱的人是挣不到大钱的。未来谁更职业化、专业化,收入自然会更高。"

刚从广播学院毕业的周敏,鼓足勇气来到当地的电视台求职,当时电视台没有名额,不需要招人。可是,周敏并没有因此泄气回家,而是央求留在传达室干杂务,做义工,不要工资。扫地、打水、搞卫生她全包了。周敏干活麻利,十分勤快,大家都很喜欢她。后来,电视台领导见她这么努力,就破例让她上镜试播,这一试,果然就成功了,周敏由义务工变成了该电视台的节目主持人。

柯里蒙先生是美国报界名人,他曾这样说过:"只要你暂时只尽义务,不要工资,无论你到任何一家报馆,他们都不会把你拒之门外,那么,正式记者或编辑的职位你就有可能得到。"

在我们身边,很多人都在拿薪水的多少来衡量一个人能力的高低,在这些人的眼里,薪水多少是最重要的,其实这种想法是极端错误的,我们必须树立为价值而不是为薪水工作的意识和信念,这样才能尽自己最大的努力工作,缩短与成功的距离和时间。

如果一个人工作只是为了薪水,没有远大理想,没有高尚目标,不关心薪水以外的任何东西,那么他的能力就无法提高,经验也无法增多,机会也就不会垂青于他,成功也就自然与他无缘。

因此,有一位成功的企业家说过,不要为薪水而工作。工作固

然是为了生计，但是比生计更可贵的，是在工作中充分发掘自己的能力，发挥自己的才干，做真正有价值的事情。

薪水是工作价值的反映

工作是人生的一种需要。可以说，我们生命的价值寓于工作之中，工作是获得乐趣和享受成就感的需要，只有积极地、创造性地进行工作，才能取得成就感，才能体会到成就带给你的快乐。

薪水是我们工作价值的一种反映，是对我们工作的一种回报。我们需要薪水，用以满足我们基本的物质生活和精神生活的需求。但如果我们只为薪水工作，那就意味着我们把薪水看成是工作的目的，当成是工作的全部。只为薪水工作，就像是活着是为了吃饭一样，大大降低了工作的意义以及生命的意义了。

所以，如果只为薪水而工作，那么你不仅会让你在工作上失去很多，而且也会让你的生命失去很多。但是，我们在当今的企业中，还是经常会听到这样的声音："我只拿这点钱，凭什么去做那么多工作？我的活对得起这些钱就行了。""我们那个老板太抠门了，只给我们开这点儿工资。还有，经理干的活也不比我多多少啊，可他的薪水比我高出一大块。他拿得多，就该干得多嘛。我只要对得起这份薪

第四章　不要为薪水工作
Buyao Wei Xinshui Gongzuo

水就行了，多一点我都不干。"可见，要消除"为薪水而工作"的影响，是很不容易的。

工作的质量决定生活的质量。无论薪水高低，工作中尽心尽力、积极进取，能使自己得到内心的平安，这往往是事业成功者与失败者之间的不同之处。工作过分轻松随意的人，无论从事什么领域的工作都不可能获得真正的成功。

也许是亲眼目睹或者耳闻父辈或他人被老板无情解雇的事实，现在的年轻人往往将社会看得比上一代人更冷酷、更严峻，因而也就更加现实。在他们看来，我为公司干活，公司付我一份报酬，等价交换，仅此而已。他们看不到工资以外的东西，曾经在校园中编织的美丽梦想也逐渐破灭了。没有了信心，没有了热情，工作时总是采取一种应付的态度，能少做就少做，能躲避就躲避，敷衍了事，以报复他们的雇主。他们只想对得起自己挣的工资，从未想过是否对得起自己的前途，是否对得起家人和朋友的期待。

之所以出现这种状况，原因在于人们对于薪水缺乏更深入的认识和理解。大多数人因为自己目前所得的薪水太微薄，而将比薪水更重要的东西也放弃了，实在太可惜。

不要为薪水而工作，因为薪水只是工作的一种报偿方式，虽然是最直接的一种，但也是最短视的。

一些心理学家发现，金钱在达到某种程度之后就不再诱人了。即使你还没有达到那种境界，但如果你忠于自我的话，就会发现金钱只不过是许多种报酬中的一种。试着请教那些事业成功的人士，他们在没有优厚的金钱回报下，是否还继续从事自己的工作？大部分人的回

答都是:"绝对是!我不会有丝毫改变,因为我热爱自己的工作。"想要攀上成功之阶,最明智的方法就是,选择一件即使酬劳不多,也愿意做下去的工作。

不要为薪水而工作。工作固然是为了生计,但是比生计更可贵的,就是在工作中充分发掘自己的潜能、发挥自己的才干、做正直而纯正的事情。如果工作仅仅是为了面包,那么生命的价值也未免太低俗了。

人生的追求不仅仅只有满足生存需要,还有更高层次的需求,有更高层次的动力驱使。不要麻痹自己,告诉自己工作就是为了赚钱——人应该有比薪水更高的目标。

事业成功人士的经验向我们揭示了这样一个真理:只有经历艰难困苦,才能获得世界上最大的幸福,才能取得最大的成就;只有经历过奋斗,才能取得成功。

工作所给你的,要比你为它付出的更多。如果你将工作视为一种积极的学习经验,那么,每一项工作中都包含着许多个人成长的机会。

为薪水而工作,看起来目的明确,但是往往被短期利益蒙蔽了心智,使我们看不清未来发展的道路,结果使得我们即便日后奋起直追,振作努力,也无法超越。

因此,面对微薄的薪水,你应当懂得,雇主支付给你的工作报酬固然是金钱,但你在工作中给予自己的报酬,乃是珍贵的经验、良好的训练、才能的提升、品格的塑造和为他人及社会奉献的喜悦感。这些东西与金钱相比,其价值要高出千万倍。

工作所给你的,要比你为它付出的更多。如果你将工作视为一种

第四章 不要为薪水工作
Buyao Wei Xinshui Gongzuo

积极的学习经验，那么，每一项工作中都包含着许多个人成长的机会。

年轻人，我诚恳地告诫你们，当你们刚刚踏入社会时，不必过分考虑薪水的多少，而应该注意工作本身带给你们的报酬。譬如发展自己的技能，增加自己的社会经验，提升个人的人格魅力，通过工作实现人生价值……与你在工作中获得的技能与经验相比，微薄的工资会显得不那么重要了。老板支付给你的是金钱，你通过工作赋予自己的是令你终身受益的"软黄金"。

能力比金钱重要万倍，因为它不会遗失也不会被偷。如果你有机会去研究那些成功人士，就会发现他们并非始终高居事业的顶峰。在他们的一生中，曾多次攀上顶峰又坠落谷底，虽起伏跌宕，但是有一种东西永远伴随着他们，那就是能力。能力能帮助他们重返巅峰，更好地运用人生。

人们都羡慕那些杰出人士所具有的创造能力、决策能力以及敏锐的洞察力，但是他们也并非一开始就拥有这种天赋，而是在长期工作中学习到的。在工作中他们学会了了解自我、发现自我、使自己的潜力得到充分的发挥。

不为薪水而工作，工作所给予你的要比你为它付出的更多。如果你一直努力工作，一直在进步，你就会有一个良好的、没有污点的人生记录，使你在公司甚至整个行业拥有一个好名声，良好的声誉将陪伴你一生。

有许多人上班时总喜欢"忙里偷闲"，他们要么上班迟到、早退，要么在办公室与人闲聊，要么借出差之名游山玩水……这些人也许并没有因此被开除或扣减工资，但他们会落得一个不好的名声，也

就很难有晋升的机会。即便他们是转换门庭，这种习气也不会令其他人对他们感兴趣。

一个人如果总是为自己到底能拿多少工资而大伤脑筋的话，他又怎么能看到工资背后可能获得的成长机会呢？他又怎么能意识到从工作中获得的技能和经验，对自己的未来将会产生多么大的影响呢？

不要为薪水而工作

为薪水而工作，最终吃亏的是你自己，失败的也只能是你自己。职场上许多人工作只是为了自己的那份薪水，他们总会盘算：我为老板做的工作应该和他支付给我的工资一样多，只有这样才公平。在他们的心里，工作的理由很简单：我为公司工作，公司付给我同样价值的薪水，这是等价交换。薪水是他们工作的目标，他们没有工作的信心与激情，对待工作只是应付，能偷懒就偷懒，能逃避就逃避，觉得为公司多做一点点工作自己就会吃亏。他们的工作仅仅就是为了对得起这份薪水，而从来不去想这会和自己的前途有没有关系。他们不知道职位的升迁是建立在把自己的工作做得比别人更完美、更迅速、更正确、更专注上面。

一个人一旦有了这种想法，无异于淹没自己的才能，断绝自己的

第四章　不要为薪水工作

希望，使自己能够成功的一切特质都得不到发挥。为了表示对薪水的不满，你虽然可以随便应付工作，但如果你一直这样做下去的话，你最终会变成一个庸碌狭隘的懦夫。

刚刚步入社会的年轻人们，一定要放弃"做一天和尚撞一天钟"、"拿多少钱，做多少事"的想法。对于薪水的问题，不能简单地理解为"我们拿100美元的钱，就应该做100美元的事"。如果反过来思考一下，我们做了100美元的事，是不是就只能拿100美元的钱呢？因为，主管找不到给我们加薪的理由。若拿1000元的钱，做了1万元的事，那么加薪是自然的事。小付出，小回报；大付出，大回报。但在人的天性中，存在这样一个可悲的习惯，总是在见到具体的回报才愿意付出。如果一个人习惯这么想，可以说，他经常得到的很少，甚至，什么也得不到。只有明白了先付出，才会有所得的道理，勇于付出，乐于付出，先提供良好的服务，再期待相应的报酬。

工作过分轻松随意、缺乏服务意识的人，无论从事什么领域的工作，都不可能获得真正的成功。将工作仅仅当作赚钱谋生的工具，这种想法本身就会让人蔑视。

无论如何，我们相信大多数企业经营都是明智的，都希望能吸引更多富有才干的员工，并且会根据每个人的努力程度和业绩来晋升、加薪。那些工作中能尽职尽责服务他人、坚持不懈地提高工作效率的人，终会有获得晋升的一天，薪水自然也会随之提高。

如果你真正做到了不为薪水工作，你就会惊喜地发现：工作所给你的，要比你为它付出的更多。如果你将工作视为一种积极的学习过程，那么，每一项工作中都包含着许成长的机会。

任何一个老板都会在他的员工中寻找那些优秀者，他们无时无刻都在注意着每一个员工，如果你把思考如何获得更多薪水的时间用来想怎样把工作做得更好，你总会得到你想要的东西，你也会慢慢地接近你的目标。

刘丽是一个很能干的年轻女孩。一年前，她到一家很有名的代理销售公司应聘销售人员，公司负责应聘的部门经理告诉她，他们所招聘的人员已经满了，所以不需要了。但是刘丽提出她不要薪水，让公司给她一个工作的机会，如果两个月做不出成绩来，她不要公司一分钱的薪水立刻就走。面对刘丽的要求，部门经理向公司总经理汇报了此事，总经理立刻就答应了刘丽的请求。

刘丽成功地进入了这家销售公司。加入以后，她一直都兢兢业业地工作，同时也发挥了她在销售方面的才华，两个月之后，她的销售成绩竟然是全公司最出色的一个，远远超出了其他的员工。半年以后刘丽得到了提升，另外她刚开始两个月的薪水也得到了补偿，并且比面试时所说的薪水还要高。

刘丽的成功，给了我们一个很好的启示，它告诉我们：不要害怕刚工作时的薪水低微，只要你在工作中全力以赴，尽职尽责，不偷懒混日子，总有一天，你的付出会得到丰厚的回报。

企业里最卑微的员工，就是那些为了薪水而工作的人。薪水袋中区区之数的取得，可以使你获得面包，所以是必要的。但除此之外，你应该还需要具有实现自我价值的成功欲：做一个正直的员工，尽你最大的努力，去做那正直的事、公平的事。

长期以来，许多员工对加班有诸多的抱怨。原则上说，公司和老

第四章　不要为薪水工作
Buyao Wei Xinshui Gongzuo

板本不该占用员工工作以外的时间，但你要知道，任何公司都会有非常忙的时候，这时，老板往往希望员工能够提出主动加班。然而遗憾的是，绝大多数员工是在被动的情形下加班的。其实自愿留下来加班是可以为你的将来储存信用和薪水的，在加班这个冷静的环境里恰好能活跃工作的思维和提高工作效率，在主动加班的氛围中工作，远比坐在咖啡桌前的空想要好得多。

有很多人，在工作中总是在老板面前表现自己，其实没有那种必要，如果你遇到的是一个明智的老板，你这样做只会给你带来不利的因素。所以，在工作中不要担心自己的努力会被忽视，当你全心全意工作时，你的老板会慢慢地发现并注意你。

一个在员工面前说："好好做吧！我会在适当的时机给你加薪水"的老板，他的事业不会很成功。如果换做一个明智的老板，他应该会说："好好做吧！把你的所有才能都拿出来，以后还会有更多重要的事情等着你。"你可以想象，当你得到更加重要的工作时，你的薪水会不会随着提高？答案很简单：当然会。

有很多人会提出这样的疑问，为什么那些职位比我低，薪水比我少的人，会被提升到那个重要的位置上，而我却不能？这个问题，需要在自己身上找，你有没有想过，他们在职位低、薪水少时，有没有放弃过，有没有不认真地对待工作？如果你去观察就会发现，当他们拿着微薄的薪水时，他们始终没有放弃努力，始终保持一种尽善尽美的工作态度，满怀希望和热情地朝着自己的目标而努力，因而获得了丰富的经验，最终才得以提升。

在这里，借用韩娜女士《为自己奋斗》一书中的一段话，来告诉

那些只想薪水不想工作的年轻人：如果不能踏踏实实地安于自己的生活和工作，时常好高骛远，飘忽不定，自然无法把工作做好。只要全力以赴地奉献自己的时间和精力，在每一份工作中竭尽所能，你的薪水报酬就可能被提升。

能力的锻炼远比薪水重要

能力的锻炼远比薪水更加重要。当你的能力达到了你老板所认可的地步时，你就会获取到更多的薪水和更高的地位，同时，你也会得到更多发展的机会。所以，在工作中必须要时刻提醒自己、告诫自己：我是在为我的未来而工作，薪水只是获得的一小部分，暂时的放弃是为了未来更好的获得。

有两个大学生，他们是很好的朋友，大学毕业后，他们都在为找工作而烦恼。在学校里，他们两个是教授最看好的学生，于是教授在朋友那里帮他们两个找了一份工作，教授让他们两个到他朋友那儿去应聘助理。

第一个去应聘的学生叫王阳，在面谈了几次以后，都没有给教授的朋友回话，因为王阳认为给的薪水太低，于是他给教授打电话说："你的朋友那儿薪水太低了，我现在已经找到了一家薪水高些的工

第四章　不要为薪水工作
Buyao Wei Xinshui Gongzuo

作，比那儿高出了五百多元。"

第二个去应聘的学生叫陈军，他选择了在那家公司工作，虽然他的薪水才800元。教授得知后打电话问他："那儿的工资这么低，你不感觉到很吃亏吗？而且对你的发展有没有影响，你没考虑吗？"

陈军回答说："薪水挣得越多我当然越高兴，可是，我发现你的朋友在某些方面很有经验，我想在他那儿多学一些经验，因为经验和知识永远比薪水更加重要。"

转眼几年过去了，王阳的薪水也得到了更高的增长，由每个月的一千多元涨到了八千多元，但是陈军由原来的每月的八百多元增长到一年二百多万的年薪，他还坐上了公司副经理的宝座。

工作是为了薪酬，但工作绝对不仅仅是为了薪酬，因为人生的追求不仅仅只为了满足生存的需要，它还有更高层次的动力驱使。我们应该对薪水有个正确的认识，告诉自己工作不仅仅是为了赚钱，人应该有比拿薪水更高的目标。

关于吃亏还是讨便宜，希尔后来回忆说："全国最富有的人要我为他工作20年而不给我一丁点报酬。如果是别人，面对这样一个荒谬的建议，肯定会推辞的，可我接受了。"

"吃得亏"，这就是希尔之所以能成功的全部秘密。

工作当中，薪水只是工作报酬的一部分，而且它所占的比例永远都是最少的，而在工作中所学到的经验、知识才是报酬中最大的一部分，这些经验、知识永远比薪水重要，它带来的价值是薪水的许多倍。

诚然，我们投身于职场是为了自己而工作。但人生并不只有现在，还有更长远的未来。薪水当然重要，但那只是短期的小问题，最

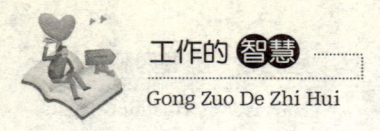

重要的是要获得不断提升自己能力的机会,为未来获得更广阔的发展空间奠定基础。

假如你的老板要你到干洗店拿回他送洗的衣服,你会怎么办?可能大部分人都会觉得岂有此理:"他把我当成什么了?保姆吗?"但如果你想在升迁路途上一路顺风,最好还是忍下这口气。

在合资公司上班的琳娜就有这样的经历:"我的老板是个公事精明、生活却乱成一团的人,我又是他的秘书,所以很多生活琐事,他都得叫我帮忙。"本来她想找个机会和老板心平气和地谈谈,但是三思之后,她觉得不必说什么了。"虽然找钟点工、跑洗衣店不是我分内的工作,但除了这点,他确实是个不错的老板,宽容、肯信任员工,若看长远些,还是在他手下工作会有好的发展。"

正是因为这种任劳任怨、不计较的态度,老板让她得到了比别人更多的工作机会,在这中间,老板也看到她的办事能力了。

林奎就职于一家跨国公司,初到公司,被现在的主管从技术部门挖到销售部门。林奎对销售也很有经验,他协助主管一起开发东北市场,工作兢兢业业,一个月有一半的时间都在出差,但由于种种原因,业绩却并没有多大起色。

与此同时,公司在西北市场上收获颇丰,西北市场主管建议在未来的两年内暂时放弃东北市场,把精力放到西北市场开发上。公司经过慎重考虑接受了这个建议。而林奎的主管则被调回公司总部,如此一来,所有东北市场的人基本上都失去了职场前途,许多人选择离开,或者转到其他部门。

主管在临走前曾和林奎进行过一次长谈,他希望林奎可以留下来

第四章　不要为薪水工作
Buyao Wei Xinshui Gongzuo

继续开发东北市场，虽然前途未卜，但从宏观考虑，东北市场肯定会发挥出其应有的经济效益。况且，越是在这种不利的环境下越能考验一个人，对能力也是一种极佳的磨炼。

虽然没什么"钱"途可言，但林奎决定听从主管的建议，他开始了一个人的战斗。经过两三年的坚守，就在林奎筋疲力尽之时，国家提出了"振兴东北"的口号，于是一夜之间，东北成了很多大公司的投资重地，林奎所在的公司也不例外，公司总裁特意到东北考察了一圈，然后指示要不惜一切代价开拓市场，东北又重新成了公司的主攻方向。

有了总裁的大力支持，很多事情都得以顺利解决，林奎经过这几年的磨炼，无论是经验、能力还是对东北市场的了解，全公司都无出其右者，于是，他理所当然地成了公司东北市场的主管。这下他的职场前途一下子光明起来。

林奎没有为"钱"途工作，却为自己的未来创造了成功的契机。

"追求热爱的事业，而非一份可以挣钱的工作。"这句简单的名言，或许可以避免许多人失去生命的热情。

钢铁大王查尔斯·施瓦布对此有非常精辟的看法，他说："如果对工作缺乏热情，只是为了薪水而工作，很可能既赚不到钱，也找不到人生的乐趣。"

为了避免这样的情形，我们有必要重新认识工作的意义。我们就要问自己一个问题：工作为了什么？很多员工都是为了薪水而工作的。每个月工作的唯一目的就是获得月底的那点薪水。所以，他们总感觉时间过得很慢，为什么总不到发工资的时间。但是，好容易等到

了月底发工资却又总觉得工资远远没有自己想的多。这就是只为薪水而工作的悲哀。

真正优秀的员工，是为实现自己的人生价值和社会价值而工作。当我们在工作的时候想着自己能够为公司、为社会带来什么价值的时候，我们对于自己的工作就有了热情，我们就会在工作中表现出极大的天赋。这个时候，我们就会做出骄人的业绩，薪水也会远远高于我们的想象。

第四章　不要为薪水工作
Buyao Wei Xinshui Gongzuo

别把金钱放在第一位

"钱并不是万能的，但是没有钱是万万不能的"，"金钱是万恶之源"。我们常常会听到很多类似的话。的确，金钱可以让一个好人变成罪犯，可以让那些企图一夜之间暴富的人走进金钱的陷阱，最后越陷越深。

如果你想做一个快乐的人，切记：金钱不是万能，不是"权力"；它只是用来达到目的的一种工具罢了。若你不注意发展你的人格而只注意赚钱，那么，全世界银行金库里的钱也不够为你买到快乐的！当金钱变为你的生活目的时，恐怕它连你的日常生活，甚至你的基本生存都保证不了。

现实当中有很多这样的人，他们有车、有房、有正常的收入，可是他们一样不快乐，还在为钱而困惑，这是为什么呢？其实最主要的原因是他没有真正地认识金钱。他们同那些害怕失去工作、害怕付不起账单、害怕遭到天灾、害怕没有足够的钱、害怕挨饿、期望得到一份稳定的工作而拼命赚钱的人一样，最终都成为了金钱的奴隶。

一个员工如果只为薪水工作，那就很容易错失成功发展的良机。

其实，每一项工作中都包含了许多个人成长的机会，当年轻人刚

刚踏入社会时,不应该过分考虑薪水的多少,而应该注意工作本身带来的报酬。比如发展自己的能力,增加自己的社会经验,提升个人的人格魅力……与你在工作中获得的技能与经验相比,微薄的工资会显得不那么重要。老板支付给你的是金钱,你自己赋予自己的是可以令你终身受益的无价之宝。

在工作中,越能适应形势变化的员工,生存能力越强。这"适应"自然也包括了受点委屈什么的。

比尔毕业后到了一家贸易公司,他明白只有尽快地体现自己适应公司的能力,才能增加自己生存下来的砝码。可是他慢慢地发现,在工作上,没有一个让自己满意的岗位,他很努力地干事情,但是待遇还是原地踏步。更糟糕的是,他感觉有些人似乎总是与自己作对,对待他的态度总不是很友善。他变得疑惑不解:难道新人就要吃亏吗?

其实,许多人都碰到过类似的情况。但是,换一个角度想想看,目前整个职业市场的竞争在进一步加剧,许多职业人都意识到应该学会如何应对职业安全感和职业发展的问题。吃点小亏算什么呢?

初到一家公司,刚开始老板通常不会也不敢将重要的工作项目交付给你来完成。那么,如何让老板对你的工作能力产生信心呢?这完全体现在刚开始工作的那些所谓杂活里。虽然不是很起眼或者很重要的工作,但仍然努力完成工作,这其实就是在给你自己加分。老板一开始安排的工作也许真是"小儿科",但作为员工,努力地做好每一件不起眼的小事也是将来"享福"的基础。

对于工作中由于争端而吃点亏,最好的做法是"大事化小,小事化了"。因为每个人工作中都会有不顺心的时候,但你能在这个时候

第四章 不要为薪水工作
Buyao Wei Xinshui Gongzuo

尽量忍让，不惹事端，多考虑到同事的感受，多感谢他们平时对自己的帮助，这有助于以后工作的发展。职业生涯的发展，本来就需要逐步提炼自己的职业含金量和竞争优势，所以应看淡那些因对环境陌生而吃的"亏"，如果能化被动为主动，转"亏"为"福"，那工作与成长的意义就真正体现出来了。

世界著名的成功学大师戴尔·卡内基告诉人们成功的秘诀之一也是：不为金钱工作。

约翰·D·洛克菲勒是美国商业史上第一个亿万富翁。他出身贫寒，却雄心勃勃，成为了当时世界上最富有的人。他开创了史无前例的联合事业——托拉斯，这个极易聚集财富的结构使标准石油公司两年后成为全世界最大的石油集团企业，洛克菲勒本人也成了蜚声海外的"石油大王"。洛克菲勒说："如果把我剥得一文不名丢在沙漠的中央，只要有一行驼队经过，我就可以重建整个王朝。"

下面我给大家摘抄的，是洛克菲勒给他的儿子小约翰·洛克菲勒的私人信札中的一封：

亲爱的小约翰：

我很想与你谈谈关于我对金钱的一点看法。我认识许多人，他们对待金钱的态度有很大的差别。我曾经和那些街头流浪汉一起喝最便宜的酒，他们把仅有的钞票揉成一团塞在裤子口袋里；我也曾和那些证券经纪人聊天到深夜，他们操纵着大量的财富，可却从来不去碰一便士现金或硬币；我也见过有些有钱人不肯轻易拿出一枚铜板，因为害怕这会让自己变穷；我还见过慷慨的富人、犯罪的穷人，见过妓女，也见过圣徒。

所有这些人都有一个共同点：他们处理金钱的方法是他们对金钱的认识结果，而不在于他们拥有金钱的数量。从最基本的层次上讲，这是一个冷酷无情的事实——你要么有钱，要么没钱，不过从感情和心理的角度上讲，它绝对是虚幻的。你可以把它塑造成自己想要的样子。如果你是个守财奴，你将不会快乐，因为贪财的人不能承受损失。金钱总是来来去去，这是它作为交换基本的特性。而那些慷慨的人，即使当他们贫穷时，内心也是富裕的，因为他们看到了钱财散去有益的一面，他们的慷慨常常会点燃与他人分享的火花，成为一种使大家都能从中受益的共同礼物。

那些大方的人愿意看到钱财从他们手中流出，因此也容易理解关于金钱的另外准则：有时为了前进，你必须损失钱财。那些拒绝做任何赔本生意的人，总被他们渴望获胜的心理压得喘不过气来。这样也许他们的付出的代价太过昂贵，也许他们购买后，这个世界又发生了变化。不论如何，拒绝在任何交易中有所损失的人们，常常会陷入固步自封的陷阱而不能自拔。有时前进的需要比拿出自己最后一个铜板更为重要，值得我们倾囊而出。

我并不计较你是否能对金钱达到禅宗式的明确态度。我只想告诉你：金钱是流动的、虚无的，生不带来，死不带去。如果你坚持认为钱财只能增多不能减少，你就是在和诸如呼吸、来去这些自然规律唱反调。经过你手中的钱财可能还会回来，也可能流向他人，可不论怎样，生活还得继续，还有更值得我们注意和关心的事情在前头。

如果你坚持认为金钱最重要，这里有一条重要准则：金钱具有某种特性，我称之为"特种辨认性"。它可以进行自我辨认，赚硬币的

第四章　不要为薪水工作

人损失硬币，赚钞票的人损失钞票，赚大钱的人损失大钱。

如果你真的想赚钱，你就必须置身于你的同类人当中。经常有故事讲百万富翁是怎样从一厘一毫的积累之中走出来的，如果你想成为百万富翁，最好学着加入他们的世界，了解他们的规则和技巧，然后就将你的才能运用到如何与他们共事上。

因此，如果你想要赚钱，你就要接近金钱，它总是在属于你自己的地方出现。你要靠近它，它才会靠近你。但不管你选择哪种方法处理钱财，都要铭记这条真理：有多少钱并不重要，重要的是你怎样运用它。

付出与报酬永远成正比

你付出多少就会收获多少，付出与报酬永远成正比。如果你想提高你的薪水，你就必须要克服懒惰的习性和摒弃不劳而获的观念，也就是说，你必须要勤奋工作。

有一件事我一直记得很清楚。几年前，我朋友的公司里同时雇用了两名职员。两个月后，其中一个职员提高了近一半的薪水，而另一个职员的薪水还是老样子。我问朋友："为什么会这样？"朋友回答："因为有一个工作非常勤奋，而另外一个则经常偷懒。"

获取更高的薪酬，是每一个员工的梦想。良好的薪水待遇，不仅意味着个人生活的改善，也是个人价值的一种体现。获取更高的薪水，固然取决于个人的素质，比如工作能力和工作经验等，但最主要的是要勤奋工作，勤奋工作薪水自然会提高。

你付出多少你就会收获多少，是人们常说的一句话，习以为常之后，很少有人去深想，我们实在很有必要把这个观念再次深植于我们的心底。

有一位懒惰成性的乡绅，他拥有一块地产，每年坐收8000元的地租。后来由于无力还债他把一半地产卖掉了，剩下的一半租给一位

第四章　不要为薪水工作
Buyao Wei Xinshui Gongzuo

勤劳的农民，租期为20年。契约到期的时候，这位农民交定租时，问乡绅是否愿意把这块土地出卖。乡绅感到十分吃惊，他问"是你想买吗？""是的，如果我们能讲好价，我就买了。"这真是太不可思议了。乡绅仔细打量着眼前的这位农民，说："天啊，请你告诉我这是怎么回事，我不用交租金，靠两块这样的土地也不能养活自己，而你每年都要交付给我200元的租金，这些年下来，你竟然还买得起这块土地。""道理很简单，"农民回答说："你整天在家里坐享其成，却不知坐吃山空，而我却日出而作，日落而息，任何劳动都会得到回报的。"这个农民的话极其正确，世界上任何事情都要有付出以后才能有回报，所以人一定要勤奋。上帝是公平的，对每个人的时间也是一样的，你用在什么地方，或一段时间内在什么地方付出，回报就会出现在那里。

懒惰不仅是让人失去物质上的东西，更重要的是丧失进取的精神动力。它的可怕在于逐渐销蚀一个人的意志，甚至无声无息。当有一天你觉得连吃饭穿衣都懒得动时，恐怕你就不可救药了。当有一天，你懒得蜷缩在街头沦为乞丐时，你还会有伸手或者张口的自信吗？不要指望别人会把好不容易摸索出来的窍门、总结出来的经验告诉你，你自己必须要勤奋工作，并用心观察学习别人是怎样做的。这样，用不了多久，你也会大有收获。

有很多商业界的名人开始工作时收入也不是很高，但是他们从来没有将眼光局限于眼前的利益，他们依然努力工作。在他们看来，他们缺少的不是钱，而是能力、经验和机会。最后当他们事业成功的时候，谁又能衡量他们的真正收入是多少呢！正所谓：不计报酬，报酬

更多。

工作的报酬远不只是薪水,因为它只是工作的一种最直接,也是最低级的报酬方式。只为薪水而工作是种短视行为,受害最深的不是别人,而是你自己。我们要意识到金钱只是埋藏在精神底下的特质因素,它和发展机会的多少,自我实现的几率等等才构成衡量薪水高低的标准。

因此,当你工作的时候,你要告诉自己我要为自己的现在和将来努力工作,不论自己得到的薪水是多还是少。注重才能和经验的积累远比关注薪水的多寡更重要,因为它们是可以创造资产的,它们的价值远远超过了你现在所积累的货币资产,是你最厚重的生存资本。

让我们看一看那些薪水很高的人士,他们尽管背景、性格、特长千差万别,但却有一个共同特点,那就是勤奋。正是因为勤奋,他们的素质才得以不断提高,发展机会也会增多,他们为公司的发展做出了贡献,他们的薪水也因此得以不断提高。

勤奋是通向美好人生的阶梯,表现在工作上,它首先是一种积极向上的人生态度,是企业长盛不衰的重要保证,是员工成才的必经之路,是企业生机与活力的集中表现。与此同时,勤奋需要用诚实的品格来支撑,需要用精明的技巧来激励,需要用美好的理想来引导,需要从做小事、做好事开始。

你能进入现在的公司,是老板在众多应聘人员中筛选、考核的结果,即是认为你是需要的人才,并且相信你的能力。因此,你必须做到勤奋工作,才能对得起老板和公司。

从表面上看来,勤奋工作者似乎吃亏了,"磨洋工"者反倒占了

第四章　不要为薪水工作

便宜，因为很多时候他们拿的薪水一样多。实际上，大多数老板的眼睛是雪亮的，他们会做到心里有数。

如果你是老板，你愿意给谁加薪呢？我相信，如果你是老板你一定会给勤奋工作的员工加薪。

世界上大多数人都希望在付出之前就得到回报，如果你能改变这种看法，你就超越了一份普通工作的意义，也就迈出了人生成功的第一步，你的职业生涯也必将有所成就。

不要为了薪水而工作

能力的锻炼远比薪水更加重要。当你的能力达到了你老板所认可的地步时，你就会获取到更多的薪水和更高的地位，同时，你也会得到更多发展的机会。所以，在工作中必须要时刻提醒自己、告诫自己：我是在为我的未来而工作，薪水只是获得的一小部分，暂时的放弃是为了未来更好的获得。

工作是为了薪酬，但工作绝对不仅仅是为了薪酬，因为人生的追求不仅仅只为了满足生存的需要，它还有更高层次的动力驱使。我们应该对薪水有个正确的认识，告诉自己工作不仅仅是为了赚钱，人应该有比拿薪水更高的目标。

薪水是企业对员工所做贡献的相应回报，大部分的人都把薪水视为最关心的事。就以找工作来说吧！大部分人都会往薪水高的地方去，而不会往薪水低的地方去。可是，他们忽视了在工作中除薪水之外的那些更加重要的东西。

所以说，薪水仅仅是工作的报偿方式的一种，是最直接的，但也是最没有长远目光的。为薪水而工作不是明智的人生选择，它没有长期的打算，结果受害最深的往往是他自己。

第四章　不要为薪水工作
Buyao Wei Xinshui Gongzuo

如果你对自己负责的话，你就应明白，金钱仅仅是报酬的一种。在金钱回报不多的情况下，那些成功人士是否仍然继续工作？"当然！我不会有丝毫动摇，因为我对自己的工作有着狂热的热爱。"这是大多数人的回答。明智的成功之路是，选择一种虽然工资不多，但愿意一直干下去的工作。金钱将跟随你热爱的工作而来，你也将成为用人单位青睐的对象。

不要只为工资而工作。生计当然是工作的一部分，但在工作中充分发挥自己的潜力，使自己的能力得到最大的发掘，这是比生计更可贵的。生命的价值不能仅仅是为了面包，还应该有更高的需求和动力。不要放松自己，要时刻告诫自己人要有比工资更高远的目标。

生活的质量取决于工作的质量，不管薪水如何，工作都积极努力，内心平静，这是成功者与失败者的不同之处。在工作中过于随便的人，将不能在任何领域中取得真正的成功。

古往今来，那些成功人士的一生往往是跌宕起伏，像波浪线一样，一下高一下低。命运的起伏使他们失去了很多东西，但有一样东西是不会失去的，这就是能力。是能力使他们重新跃上事业的顶峰。杰出人物所具有的创新力、决断力以及敏锐的洞察力往往是人们所钦慕的，然而，他们的这些能力是在长期的工作中锻炼的，而不是一开始就具备的。他们通过工作了解自己、发现自己，最大限度地发挥自己的潜力。

如果你不仅仅是为薪酬而工作，那么，你从工作中得到的将比你为它付出的更多。只有用心工作，力求进步，你才能在企业甚至整个行业赢得良好的声誉。

上班的时间,很多人喜欢"忙里偷闲",要么借外出之机游山玩水,要么在办公场所叽叽喳喳,要么迟到早退……他们也许并未因此被处分,但却会落下不好的名声,失去晋升的机会。假如他们想另攀高枝,人们也会对他们失去兴趣。

不要顾虑你的努力会被老板忽视,因为你的老板每时每刻都在观察你。在你为如何多赚一些钱而左思右想之前,先考虑一下怎样才能把工作做得更好。不要费尽心思去说服你的老板接受你加薪的理由,只要在工作中竭尽全力,薪水自然会提高。

一个名叫詹姆斯的普通银行职员,在受聘于一家汽车公司六个月后,试着向老板琼斯毛遂自荐,看是否有提升的机会。琼斯的答复是:"从现在开始,监督新厂机器设备的安装工作就由你负责,但不一定加薪。"

糟糕的是,詹姆斯从未受过任何工程方面的训练,对图纸一窍不通。然而,他不愿意放弃这个难得的机会。因此,他发挥自己的领导特长,自己找了些专业人员安装,结果提前一个星期完成任务。最后,他得到了提升,工资也增加了10倍。

"我当然明白你看不懂图纸,"后来老板这样对他说,"假如你随便找个原因把这项工作推掉,我有可能就把你辞掉。"

当某些职位低而薪水少的人被突然提到某个重要岗位时,人们往往对此表示质疑。他们不知道,那些拿着低薪的人始终在努力,以一贯之地保持着尽善尽美的工作态度,对工作目标满腔热忱,从而积累了丰富的工作经验,这就是他们得以晋升的真实原因。

对待工作热情如火、不辞劳苦、主动进取,你就与那些只计较工

第四章 不要为薪水工作
Buyao Wei Xinshui Gongzuo

作时间和薪酬福利的人区别开了。

其实,许多人都碰到过类似的情况。但是,换一个角度想想看,目前整个职业市场的竞争在进一步加剧,许多职业人都意识到应该学会如何应对职业安全感和职业发展的问题。吃点小亏算什么呢?

初到一家公司,刚开始老板通常不会也不敢将重要的工作项目交付给你来完成。那么,如何让老板对你的工作能力产生信心呢?这完全体现在刚开始工作的那些所谓杂活里。虽然不是很起眼或者很重要的工作,但仍然努力完成工作,这其实就是在给你自己加分。老板一开始安排的工作也许真是"小儿科",但作为员工,努力地做好每一件不起眼的小事也是将来"享福"的基础。

对于工作中由于争端而吃点亏,最好的做法是"大事化小,小事化了",因为每个人工作中都会有不顺心的时候,但你能在这个时候尽量忍让,不惹事端,多考虑到同事的感受,多感谢他们平时对自己的帮助,这有助于以后工作的发展。职业生涯的发展,本来就需要逐步提炼自己的职业含金量和竞争优势,所以应看淡那些因对环境陌生而吃的"亏"。如果能化被动为主动,能化吃亏为享福,那工作与成长的意义就真正体现出来了。

蒂理论。盖蒂严肃地对他们说:"我已经调查过公司的财务报表,发现上年度有好几笔不必要的开支,造成公司好几万美元的损失,但我没有看见你们采取任何补救措施。如今,你们每人的薪水只不过少了五美元,却急不可待地要求补救,这是怎么一回事?"

那三位高级管理干部无话可答,听完盖蒂这番严厉的教训后,很有领悟。不久,有两位很快研究出加强企业管理的措施,严格了成本与利润的核算观念;另一位没有改进表现,不久被辞退了。

作为公司的一员,拿着公司的薪水,就应该把公司的事业当成自己的事业,站在公司的立场上,以高度的热情和责任心做好自己的工作,这样才能把自己的工作做好,否则就会落于平庸。亨利和阿尔伯特是同班同学,两个人大学毕业后,恰逢英国经济动荡,都找不到适合自己的工作,便降低了要求,到一家工厂去应聘。恰好,这家工厂缺少两个打扫卫生的职员,问他们愿不愿意干。亨利略一思索,便下定决心干这份工作,因为他不愿意依靠领取社会救济金生活。

比尔·盖茨大约有466亿美元的财产,如果他每年用掉1亿美元也要466年才能用完,但是他现在仍然没有放弃工作,而且依然那么努力,坚持每天工作,为什么?

斯蒂芬·斯皮尔伯格的财产大约有10亿美元,这已经足够他后半生过优裕的生活了,但他依然不停地拍片,为什么?

美国Viacom公司的董事长萨默·莱德斯通勤奋工作了一生,但是在63岁时他做了一个惊人的决定:建立一个庞大的娱乐商业帝国。尽管家人极力劝阻,认为他应该放弃工作,享受晚年。但是他不听劝告,他说自己根本不老,还需要努力工作。就这样,他又将全部精力投入到工作中去，他每天都将自己的时间安排得满满的，几乎没有让自己享受过休息日，有时甚至一天工作24个小时，为什么？

萨默·莱德斯通的一句话可以给我们一个最好的答案："实际上，钱从来不是我的动力。我的动力是对于我所从事的工作的热爱，我喜欢娱乐，喜欢我的公司。我有一种愿望，那就是实现生活中最高的价值。"

此时，他们对金钱已经不再看重，而是看重工作本身给自己带来的精神满足。

金钱在达到某种程度之后就不再诱人了，而追求自我价值的满足就成了人们最高层次的需求。此时在工作中体会创造的乐趣、享受成功的甜蜜就是他们最幸福的事。

不做只为薪水工作的人

　　一个人如果总是为自己到底能拿多少工资而伤脑筋的话，他怎么能有精力去从工作中获得技能和经验呢？而这些能力与经验比金钱重要万倍，它不会遗失，也不会被偷。大家都知道，历史上许多成功人士，并非始终处在事业的顶峰，在他们的一生中，也曾历经多次辉煌与失落，但是有一种东西永远伴随着他们，那就是能力。能力帮助他们重返巅峰，俯瞰人生。这正如钢铁大王查尔斯·施瓦布所说："如果一个人对工作缺乏正确的认识，只是为了薪水而工作，很可能既赚不到钱，也找不到人生的乐趣。"

　　保罗·盖蒂把员工分为四个类型：

　　第一类，不愿受雇于人，宁愿冒风险创业，自己当老板，因此他们在当雇员时，表现很出色，为日后自我发展积蓄力量。

　　第二类，虽然他们充满了创意和干劲，但不愿自己创业当老板，他们较喜欢为别人工作，宁愿从自己出色的表现中，分享到所创造的利润。一流的推销员与企业的高级干部均属这类别人员。

　　第三类，不喜欢冒风险，对老板忠心耿耿，认真可靠，满足于薪水生活。他们在安稳的收入之下，表现良好，但缺乏前二类人的冒

第四章 不要为薪水工作

险、进取与独立工作的精神。

第四类，他们对公司的盈亏漠不关心，他们的态度是当一天和尚撞一天钟，凡事能凑合得过去就行了，反正他们关心的只有一件事，那就是按时领到薪水。

保罗·盖蒂认为第一类员工的才干是突出的，能用其所长，避其所短，可以为企业发挥重大作用。怎么用其所长呢？可运用对待乔治·米勒那样的办法，让其在充分发挥自己才干中满足他个人利益欲望，企业从中达到发展目标。如何避其所短呢？要么不再聘用他，让其自我发展；要么有制约地使用他，即让他在有施展个人愿望的岗位独立工作，让他在独立工作的同时，为实现企业的目标而出力。

第二类员工，是保罗·盖蒂的企业中流砥柱，他以各种办法激励他们努力为本企业效劳，让他们建立牢固的企业归属感。

保罗·盖蒂对待第三类员工也十分珍惜爱护，把他们安排在各级部门当副手，逐步提高他们的生活待遇，设法稳住这支基本队伍。

对于第四类员工，保罗·盖蒂要求各级管理人员对他们严加管理，促使他们端正态度，为企业发展多出力。有一次，盖蒂听到某家下属企业的汇报情况，知道该公司很有发展潜力，但营运状况很差，亏损严重。盖蒂经了解后找出症结所在，就是这家公司的三位高级干部无成本与利润的观念，他们就属于第四类人物。

为了改变这家公司的面貌，盖蒂略施小计。他在发薪之前，交待会计部门对那三位高级干部的薪水各扣五美元。他还吩咐会计部，若那三人有异议的话，叫他们直接找老板。

果然不出盖蒂所料，发薪一小时内，那三人不约而同地跑来找盖

第五章
工作是一种信仰

　　每个人在工作中都有一种神秘的力量,这种力量就是你对工作的信仰。这种信仰可以让你成为想成为的人物,得到你想得到的一切,实现你正为之努力的梦想,它就在你的工作中得以体现。

第五章 工作是一种信仰

你在为谁工作

你在为谁工作？你为什么工作？

有人以为：我付出劳动，老板开给我工资，这是天经地义的等价交换，我工作就是为了拿到那份薪水，除此，没有什么是我工作的目的。

有这种思想的人不管有多么高的职位，拿着多么高的薪水，他在老板的心中是多么重要的红人，一旦与老板产生了分歧，发生了矛盾，就等于在这个公司没有了任何地位。因此，为钞票而打工的人不可能在职场中开辟出自己的一片天地。只有抱着做事业的心态做事，抱着为自己做事的心态去工作，才能有所成就。

从表面上看你是在为别人工作，是在为别人创造利益，其实，你也是在为自己而工作，你在为别人创造财富的同时也解决了自己的生存问题。也许有的员工会说："即使我在为自己工作，我所得的财富也太少了，跟我付出的简直不能成正比。"是的，世界上永远有一个规律就是，老板永远比员工收入多，追求利润的最大化永远是老板的长期目标。而且做事的态度也不同：老板是抱着为自己工作的态度做事，而你是抱着为他人做事的态度工作，这两种不同的态度当然会产

工作的 智慧
Gong Zuo De Zhi Hui

生两种不同的结果。

很久很久以前，一位有钱人要出门远行，临行前他把仆人们叫到一起并把财产委托给他们保管。依据他们每个人的能力，他给了第一个仆人十两银子，第二个仆人五两银子，第三个仆人二两银子。拿到十两银子的仆人把它用于经商并且赚到了十两银子。同样，拿到五两银子的仆人也赚到了五两银子。但是拿到二两银子的仆人却把它埋在了土里。

过去了很长一段时间，主人回来与他们结算。拿到十两银子的仆人带着另外十两银子来了。主人说："做得好！你是一个对所有事充满自信的人。我会让你掌管更多的事情。现在就去享受你的奖赏吧。"

同样，拿到五两银子的仆人带着他另外的五两银子来了。主人说："做得好！你是一个对一些事充满自信的人。我会让你掌管很多事情。现在就去享受你的奖赏吧。"

最后拿到二两银子的仆人来了，他说："主人，我知道你想成为一个强人，收获没有播种的土地。我很害怕，于是把钱埋在了地下。"主人回答道："又懒又缺德的人，你既然知道我想收获没有播种的土地，那么你就应该把钱存到银行家那里，以便我回来时能拿到我的那份利息，然后再把它给有十两银子的人。我要给那些已经拥有很多的人，使他们变得更富有；而对于那些一无所有的人，他们现有的也会被剥夺。"这个仆人原以为自己会得到主人的赞赏，因为他没丢失主人给的那二两银子。在他看来，虽然没有使金钱增值，但也没丢失，就算是完成主人交待的任务了。然而他的主人却不这么认为。

第五章 工作是一种信仰

他不想让自己的仆人顺其自然，而是希望他们能主动些，变得更杰出些。

因此，对待"为什么而工作"问题的回答就显得尤为重要。认为为公司、为老板而工作的人是缺乏工作积极性的人，他们把工作当成一种负担和包袱，他们觉得工作是为了他人创造财富、创造价值，而从没有想过其实也是在为自己积累经验和资源。诚然，作为员工获得的利益屈指可数，但是如果你不以薪水为工作的目标，那么迟早有一天你会做出一番成就，得到你应得的利益。上天是公平的，所有的老板都是从当初那个艰难的员工时代走出来的，他们也曾经历风雨，遭受坎坷，拿着微薄的工资，过着艰难的生活，但是他们明白，一切其实都是在为自己工作，因此他们成功了，当上了老板。而你，如果也能明白这个道理，你也可以当上老板。

现在很多人总觉得工作完全是为了别人，自己是在为别人做事，其实，抱有这种想法的人也是目光短浅的。我们不能把目前为别人工作当成永远为别人工作，要知道，只有把目前的工作做好了，你才可以拥有更好的工作，甚至是自己的事业。

为自己工作

我们的工作与生命紧密相连,与生活紧密相连,我们如何看待工作,也就是如何看待生命;我们如何善待自己的工作,也就是如何善待自己。

有人指出,人生有三分之二的时间是花在工作上的,因此,怎么看待工作这件事,对一个人的发展十分重要。

工作是我们生存的经济来源,也是我们成就感和价值感的所在,从工作中获取金钱不应该是我们工作的全部意义,而把工作当成自己的事业才是最重要的。

我们这一生都与工作紧密相连,不是吗?我们每天的时间大部分都花在了工作上。也许有人要反驳这一观点,他们说:"工作不是每天八小时吗?"是的,从表面上看是八小时,但是,办公室里面这看似短短的八小时不是独立存在的。早上,我们八点上班,但是我们需要在六点、七点就起床,然后梳洗打扮,有时吃早餐,有时不吃,急匆匆地从家门出发去上班,这中间的几个小时都因为核心的这八小时而发生。表面上,办公室里的八小时是工作的直接时间成本,但是,加上前后这些间接时间成本,每个人一天至少为工作花掉十二三个

第五章 工作是一种信仰

小时。

事实上，我们和自己的亲人相守的时间，永远比不上在公司与同事相处的时间多。事实上，如果你明确自己是在为自己而工作，把工作当成自己的事业来做，那么，你就有可能开创出属于自己的事业，走向成功之路。

不要满足于尚可的工作表现，要做得更好，你才能成为不可或缺的人物。"没有最好，只有更好"这是飞利浦公司的口号，这也是每一名飞利浦员工的理念。

对于我们来说，顺其自然是平庸无奇的。为什么可以选择更好时我们总是选择平庸呢？

如果你可以在一年之外弄出一天，那为什么不利用这365天呢？为什么我们只能做别人正在做的事情？为什么我们不可以超越平庸？

著名的公众意见调查专家盖洛普与记者普罗克特完成了一个有关成功主题的广泛调查。他们用了极长的时间与列入"美国名人录"的名人面谈，这些名人成功的领域是各种各样的，几乎包括了商业、科学、艺术、文学、教育、宗教、军事等等的所有领域。最后，他们把面谈结果编成了一本叫《美国伟大的成功故事》的主题丛书。面谈的内容包括不同的问题，比如家庭背景、教育、性格、兴趣、能力、宗教信仰、个人价值等等。而研究者的目标是要发掘这些高成就者的共同点。事实上他们的回答都不尽相同，然而却又有一个共同点，就是长时间不断地辛勤工作。所有接受采访者都同意，成功并不是因为好运气、特殊才能带来的，而是因为他们通过极大的努力与坚定的决心取得的。他们没有去找寻捷径，也没有逃避辛勤的工作，他们反而喜

欢辛勤工作，把它视为成功过程中不可缺少的一部分。他们一致认为真正的成功者是那些最配得到成功的人，每一个成功者都必须付出劳动的代价。没有止境的标准只有用没有止境的不断工作才能不断达到！

为自己工作，而不是任何人；把工作当成自己的事业来做，你才会重视现在的工作。虽然公司不是你的，但公司至少给你提供了一个平台，给你空间和机遇去做事情，如果你不珍惜，就等于在浪费自己的时间和生命。如果你努力，也许将来某一天你会有自己的公司，你会发觉你以前做事的经验对你将有很大的帮助。所以，为自己工作就是对自己的生命负责。

只有为自己工作才能让自己充满干劲，充满热情，不知疲倦，而一个总消极地为别人工作的人在工作上肯定会消极倦怠，把工作看成是一种苦役，这样你就会不停地抱怨，逐渐产生消极抵触心理，如此一来，你的工作将很难做好。所以，不要抱怨你的工作，或者因为是在给老板工作而敷衍了事。实际上我们是在为自己工作，为我们以后的事业铺垫道路。

第五章 工作是一种信仰
Gongzuo Shi Yizhong Xinyang

热爱才会工作得更好

"热爱才能做得更好",事实上确实是这样的。我们常常听到好多人抱怨:"工作真辛苦!真希望一辈子不用工作。"

乔·吉拉德以连续12年平均每天销售6辆汽车的纪录荣登"世界吉斯尼纪录大全",并被称为世界上最伟大的推销员。人们都无不惊叹他何以能取得这样突出的成就。

有一次,有个人问他是干什么的,吉拉德说自己是汽车推销员。

听到回答后,对方不屑一顾:"你是卖汽车的啊?"

乔·吉拉德听出了对方语气中的蔑视,于是大声说道:"是啊,我以自己是个推销员为荣,我爱我的工作。"

我有一个朋友,记得他大学毕业刚来到北京,可以说是身无分文,住的房子里面除了一张床、一张桌子之外,其他的什么东西也没有了,平时的一日三餐都无法保障。他找了一份销售的工作,刚开始的时候一个月只能拿到几百元的底薪,认识他的人都劝他还不如换一份技术类的工作,这样工资也相对会高一些,可他却说:"我认为做销售更适合我,也更有前途,虽然现在生活是有些困难,可这只是暂时的,等我的销售技巧熟练了,我就一定可以拿高薪的。"

后来的事实证明了他的决定是正确的。一年之后,他每个月拿到的工资已经是当初的五倍了,而且还升到了销售经理的位置,并且公司分给了他股份,他的前途可以说是一片光明。这个时候,他不无感慨地说:"幸亏那时我没有换其他的工作,如果换了的话,我肯定不会取得今天这样的成绩。其实,当时我坚持做销售的最主要原因还是我喜欢这样的工作,热爱才能做得更好,也才能成功!"

伊尔从出生的那一刻起,世界呈现在他眼前的就是一片漆黑。为了生存,他便继承了父亲的职业——花匠。

听人说花是五颜六色、姹紫嫣红的,可他却看不到这些,他只是在有空的时候,用指尖去轻轻地触摸着花朵,然后把鼻子凑过去小心地嗅一嗅花香。他在自己的心底里勾勒出了花的娇态,并给不同香味的花添上了不同的色彩。

他比任何一个人都更爱花,每天都要给花浇水,隔一段时间还要拔草除虫。他手边总是准备着一把伞,下雨的时候就替花遮雨,太阳毒的时候就替花遮阳……他对花如此的呵护备至,使得很多人都觉得奇怪,仅仅是花而已,值得这么做吗?不过,他的花确实是全城里长得最好的。从这里经过的人,大老远就能闻到一股醉人的花香,于是人们也总会停下脚步来,欣赏一番满园的玫瑰、菊花、牡丹……五彩斑斓,每每让人流连忘返。

花匠也许是再普通不过的职业了,可盲人用自己的热爱和心血,让花长得分外娇艳。由此可见,只要真心热爱自己的事业,为之付出自己全部的热忱,就一定能够做出让人艳羡的成绩来。

耶稣说过:"你们要给人,就必有给你们的。并且用十足的升

第五章 工作是一种信仰
Gongzuo Shi Yizhong Xinyang

斗,连摇带按,上尖下流地倒在你们怀里。因为,你们用什么量器给人,也必用什么量器量给你们。"这里,耶稣讲出一条生活的重要法则。许多著名的成功人士,也都深深懂得这个道理。

当你为工作贡献了你的全部精力,当你为工作上取得的成就而欢欣,当你与他人共享你的富有时,有形与无形的酬报就将成为你日常生活的一部分。有形的回报包括你为他人完成了一项工作,他人以工资的形式向你回报;无形的酬报包括他人给你的答谢以及你所获得的好名声。另一方面,倘或你仅仅为工资而工作,只做仅仅保证你能够领回工资的那一点儿分内事,那么,你就会变得渐渐轻视自己的工作。

鲍勃就是这样一个人。鲍勃每天上八小时班,每周五天上班,年复一年,仅仅为领回自己的工资而工作着,多一分力气也不愿出。他总是显得很疲劳,而且满腹牢骚,经常为工作上的问题骂街。

不过,鲍勃还有一件喜欢做的事,就是看女儿打垒球。当学校邀请他去做垒球队的教练时,他热心地答应了。尽管训练这些女孩子们要花费他很多的时间和精力,但鲍勃一点儿也不在意。他说,他跟球队在一起时简直浑身是劲。最后,在鲍勃的悉心指导下,这个垒球联队获得了比赛的第一名,鲍勃也因此而受到家长们热情的赞扬。

幸运的是,故事并没有到此结束。在妻子的督促下,鲍勃决定为自己的工作问题去请教心理医生。医生建议他用训练孩子们打垒球的热情去干自己的工作。他很不情愿地答应试试看。

令鲍勃惊讶的是,他开始感到,工作的确使他有了一些乐趣。他逐渐关注起同事的生活。他向自己提出了挑战,改变从前的工作方式。他开始将自己视作这个工厂和主人,而不仅仅是一部机器上的齿

轮。他向上司提出了一些改进部门工作方式的建议。这样，更加令他惊讶不已的是，他现在在下班之后还在考虑如何改进工厂的工作方法！如今，他每天一早醒来不再昏昏沉沉，而是精神焕发，浑身充满了工作热情。鲍勃在人生道路上获得了宝贵的经验：不论你做什么，都要真诚、执着地奉献出自己。

凡是没有受到你重视的事情，你就往往不能干好。在你找到自己作为人的独特价值并为今生的特殊使命而努力奋斗之前，你很难消除掉内心的混乱状态。一旦你能够使你的灵魂获得荣耀，你的生活也就具有了更大意义。给予与奉献，与资产投入颇有些类似。

倘若你在投资上毫不用心，不肯花精力，也不去做调查，那么，从长期来看你多半是要失败的。倘或不是这样，你将自己的精力、热情和聪明才智都花在了投资上，你当然更可能会获得成功。

第五章　工作是一种信仰
Gongzuo Shi Yizhong Xinyang

做自己喜欢的工作

做自己喜欢的事情，即使让你的工作时间延长很多，你也不会感到疲惫，依然是精神焕发，似乎是一种享受。史兹韦伯说："如果每个人都在自己无限热爱的职业中做事，怎么都会有所成就。"

世界著名的发明家爱迪生就是非常典型的一个例子。爱迪生是一位未曾进过学校的报童，可是，后来的他却让美国的工业生活完全改观。

他每天在实验室劳累18个小时，就连吃饭、睡觉都在那里。可是，爱迪生从不感觉苦和累。爱迪生曾这样说："我的一生之中，从来没有工作过一天，我生活中的每一天都充满了乐趣。"

现在身为美国家庭产品公司公共关系副总经理的卡尔夫人，曾为杜邦公司雇用过几千位员工，卡尔夫人说："在我看来，世界上最大的悲剧莫过于，有那么多的青年人根本不知道自己该从事什么职业、自己到底想做什么职业。我想，如果一个人只知道从自己的工作中获得薪水，而别的什么也没有得到，那可实在是太可悲了。"她还说，更有甚者，竟然有毕业于名牌大学的一些人来到她的办公室对她说："我得到了某某名牌大学的学位，你公司是否有我适宜的职位？"这

些人根本不知道自己该干些什么，自己希望自己去干怎样的职业。所以说，难怪有很多人在刚开始的时候，拥有的是满腔的热情，充满了阳光般的梦想，可是等自己已经到了四十多岁后，依然毫无成就可言，甚至精神崩溃。其实，对自己的工作做出正确的选择，对自己的身心健康是非常重要的。雷蒙大夫是琼斯霍金斯医院的大夫，他曾配合几家保险公司做过一项调查，研究使人长寿的因素，"正确的工作"被他排在第一位。这与苏格兰哲学家卡莱尔的名言是相符的："向那些找到自己心爱的工作的人们祝福吧，他们已无需再企求其他的幸福了。"

你有可能会感觉有些疑惑，为何我们说了这么多让人担忧的话。可是，假如你对很多人的烦恼、悔恨和沮丧都能有所了解，知道这些全是由于对工作的错误选择而导致的结果，你的疑惑就不存在了。类似的情况，你也可以去问问你的亲人、朋友和邻居们。米勒宣称，工人无法适应工作是"社会中最大的损失之一"。的确，世界上不快乐的人，大多是憎恨自己的工作的人。

你知道通常在军队中出现"崩溃"状态的都是哪些人吗？他们大都是被分派到错误岗位的人！这里所指的并不是在战斗中受伤的人，而是那些在普通任务中精神崩溃的人。精神病专家孟宁吉博士，曾在第二次世界大战期间主持陆军精神病治疗工作，他说："我们在军队中发现了安置的重要性，就是说要使适当的人从事一项适当的工作……最重要的是，要使人相信他手头工作的重要性。当一个人没有兴趣时，他会觉得他是被安排在一个错误的职位上，他会觉得他不受欣赏和重视，他认为他的才能被埋没。在这种情况下，我们发现，他

第五章 工作是一种信仰
Gongzuo Shi Yizhong Xinyang

即使没有患上精神病,也会埋下精神病的种子。"

强森的经历正是如此。他的父亲开有一家洗衣店,父亲将强森叫到洗衣店中做事,父亲非常希望他将来能接管这家洗衣店。可是,强森十分痛恨洗衣店的工作,因此,他总是闲闲散散,无精打采,无可奈何地做些不得已而为之的工作,对于其他事物一概不闻不问,甚至有时他会索性"缺席"。强森的举动使他父亲非常伤心,父亲觉得自己生了一个没出息、不思进取的儿子,以至让自己在员工面前很没面子。

强森忽然有一天对父亲说,他自己想当一名机械工人,要去一家机械厂工作。什么?要重新开始?这让父亲非常吃惊。但是,他依然按照自己的意愿行动了。虽然强森穿着油腻的粗布工作服,干着比洗衣店更加辛苦的工作,并且工作的时间很长,可是,他居然兴奋得吹起口哨来。强森选修工程学课程,研究引擎、机械装置。在1944年,当强森去世的时候,他已是波音飞机公司的总裁,并且制造出了"空中飞行堡垒"轰炸机,帮助盟国军队赢得了世界大战。假如强森当年选择了继续在洗衣店干下去,他和洗衣店的命运,特别是他父亲死后,到底会是怎样的情况呢?强森也许会把这个洗衣店给毁掉,关门歇业。

无论你怎么想,都要坚持一个原则:绝不能为满足家人的希望,而勉强自己从事某种职业。不能轻易地选择从事某种职业,除非是你特别喜欢的职业。不过,父母给予的建议你还是要慎重考虑的。父母有着丰富的社会经验,他们给予的建议都是几十年的人生体验和生活总结。可是,你要自己做出最后的决定。那是因为将来工作的时候,

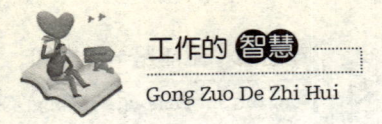

高兴或痛苦都是你自己的事情。

全身心地投入工作

倘若你热爱自己的工作,你就会将自己的全部精力用在工作上,充分地发挥自己的聪明才智。

我曾经询问过很多公司的职员:"工作中你什么时候感到最快乐?""只有一心一意时",这种回答在男性占第二位,女性占第一位。我又问他们"工作中什么时候感觉最不快乐",所有人的回答是"不专心工作时"。

在某公司的一次座谈会上,就有人提出强烈的要求:"当我专心工作时,最好不要叫我做别的事。"这种要求并非反抗上司的吩咐,而是因专心工作时所拥有的充实幸福感可能因此而消失。

但是,并非任何事都能如此专心去做,必须在身体状况、精神状况及环境条件都齐备时才易办到。最要紧的是,使工作变成你认为"喜欢做的工作"。假定你不专心工作,会有什么结果?如果没有可以全身心投入的事情时,便会感到空虚、不幸。

大部分青年人,好像不知道职位的晋升,是建立在忠实履行日常工作职责的基础上的。只有全力以赴、尽职尽责地做好目前所做的工

第五章 工作是一种信仰

作,才能使自己渐渐地获得价值的提升。相反,许多人在寻找自我发展的机会时,常常这样抱怨:"做这种平凡乏味的工作,有什么希望呢?"

可是,就是在极其平凡的职业中、极其低微的岗位上,往往蕴藏着巨大的机会。只要把自己工作做得比别人更完美、更迅速、更正确、更专注,调动自己全部智力,全力以赴,从旧事中找出新方法来,才能引起别人的注意,自己也才会发挥本领的机会,以满足心中的愿望。

休斯·查姆斯在担任"国家收银机公司"销售经理期间,曾面临一种最为尴尬的情况:该公司的财政发生了困难。这件事件被在外头负责推销的销售人员知道了,并因此失去了工作的热忱,销量开始下跌。到后来情况更为严重,销售部门不得不召集全体销售员开一次大会,全美各地的销售员皆被召去参加这次会议。查姆斯先生主持了这次会议。

首先,他请手下最佳的几位销售员站起来,要他们说明销售量为何会下跌。这些被唤到名字的员一一站起来以后,每个人都有一段最令人震惊的悲惨故事要向大家倾诉:商业不景气、资金缺少、人们都希望等到总统大选揭晓以后再买东西等等。

当第五个销售员开始列举使他无法完成销售配额的种种困难时,查姆斯先生突然跳到一张桌子上,高举双手,要求大家肃静。然后,他说道:"停止,我命令大会暂停10分钟,让我把我的皮鞋擦亮。"

然后,他命令坐在附近的一名黑人小工友把他的擦鞋工具箱拿来,并要求这名工友把他的皮鞋擦亮,而他就站在桌子上不动。

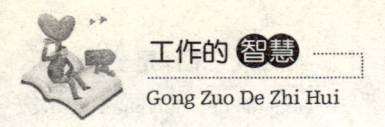

在场的销售员都惊呆了,有些人以为查姆斯先生发疯了,大家开始窃窃私语。在这时,那位黑人小工友先擦亮他的第一只鞋子,然后又擦另一只鞋子。他不慌不忙地擦着,表现出第一流的擦鞋技巧。

皮鞋擦亮之后,查姆斯先生给了小工友一毛钱,然后发表他的演说。

他说:"我希望你们每个人,好好看看这个小工友,他拥有在我们整个工厂及办公室内擦鞋的特权。他的前任是位白人小男孩,年纪比他大得多。尽管公司每周补贴他五元薪水,而且工厂里有数千名员工,但他仍然无法从这个公司赚取足以维持他生活的费用。"

"这位黑人小男孩不仅可以赚到相当不错的收入,既不需要公司补贴薪水,每周还可以存下一点钱来,而他和他的前任的工作环境完全相同,也在同一家工厂内,工作的对象也完全相同。"

"现在我问你们一个问题,那个白人小男孩拉不到更多的生意,是谁的错?是他的错还是顾客的错?"

那些推销员不约而同地大声说:"当然了,是那个小男孩的错。"

"正是如此。"查姆斯回答说,"现在我要告诉你们,你们现在推销收银机和一年前的情况完全相同:同样的地区、同样的对象以及同样的商业条件。但是,你们的销售成绩却比不上一年前。这是谁的错?是你们的错,还是顾客的错?"

同样又传来如雷般的回答:"当然,是我们的错!"

"我很高兴,你们能坦率承认自己的错。"查姆斯继续说,"我现在要告诉你们,你们的错误在于,你们听到了有关本公司财务发生困难的谣言，这影响了你们的工作热忱，因此，你们就不像以前那般努力了。只要你们回到自己的销售地区，并保证在以后30天内，每人卖出五台收银机，那么，本公司就不会再发生什么财务危机了。你们愿意这样做吗？"

大家都说"愿意"，后来果然办到了。那些他们曾强调的种种借口：商业不景气、资金缺少、人们都希望等到总统大选揭晓后买东西等等，仿佛根本不存在，统统消失了。

工作的质量往往会决定生活的质量。在企业里随处可见这样的人，他们的目标只是想过一天算一天，他们不断抱怨自己的环境，就像是一块浮木，在人生之海上随波逐流，能找到怎样的工作，便担任怎样的职务，而且做事情能省力就省力。他们最高兴的是发薪日以及下班的时候。他们混过一天，回到家，一边喝酒一边看电视。难道这就是一切吗？在工作中应该严格要求自己，能做到最好，就不能允许自己只做到次好；能完成100%，就不能只完成99%。不论你的工资是高不是低，你都应该保持这种工作作风。每个人都应该把自己看成是一名杰出艺术家，而不是一个平庸的工匠，应该永远带着热情和信心去工作，应该全力以赴，不找任何借口。得过且过的人在任何一个组织都很难升到中层职位以上。

正确对待自己的工作

人生最有意义的就是工作，人可以通过工作来学习，可以通过工作来获取经验、知识和信心。一个人工作时，如果能以精益求精的态度、火焰般的热忱，充分发挥自己的特长，那么不论做什么工作都不会觉得劳碌辛苦。如果我们能以满腔的热忱去做最平凡的工作，就能成为最精巧的艺术家。如果以冷淡的态度去做最不平凡的工作，就绝不可能成为艺术家。各行各业都有发展才能的机会，实在没有哪一项工作是可以藐视的。

许多年轻人之所以失败，就是败在做事轻率这一点上，这些人对于自己所做的工作从来不会做到尽善尽美。

杰克在国际贸易公司上班，他很不满意自己的工作，忿忿地对朋友说："我的老板一点也不把我放在眼里，改天我要对他拍桌子，然后辞职不干。"

"你对于公司业务完全弄清楚了吗？对于他们做国际贸易的窍门都搞通了吗？"他的朋友反问。

"没有！"

"君子报仇十年不晚，我建议你好好地把公司的贸易技巧、商业

第五章 工作是一种信仰

文书和公司运营完全搞通,甚至如何修理复印机的小故障都学会,然后辞职不干。"朋友说:"你用他们公司,做免费学习的地方,什么东西全都学会之后,再一走了之,不是既有收获又出了气吗?"

杰克听从了朋友的建议,从此便默记偷学,下班之后,也留在办公室研究商业文书。

一年后,朋友问他:"你现在许多东西都学会了,可以准备拍桌子不干了吧?"

"可是我发现近半年,老板对我刮目相看,最近更是不断委以重任,又升官,又加薪,我现在是公司的红人了!"

"这是我早料到的!"他的朋友笑着说:"当初老板不重视你,是因为你的能力不足,却又不努力学习;而后你痛下苦功,能力不断提高,老板当然会对你刮目相看。"

不要看不起自己的工作,所有正当合法的工作都是值得尊敬的,只要你诚实的劳动和创造,没有人能够贬低你的价值,关键在于你如何看待自己的工作,那些只知道要求高薪却不知道自己应承担的责任的人,无论对自己还是对企业,都是没有价值的。

不管你的工作是怎样的卑微,都当付之以艺术家的精神,当有十二分的热忱。这样,你就可以从平庸卑微的境况中解脱出来,不再有劳碌辛苦的感觉,厌恶的感觉也自然会烟消云散。今天工作不努力明天努力找工作——不要总以这不是我分内的工作为由来逃避责任,推卸责任。当额外的工作降临到自己头上时,我们也不妨视为一种机遇。

杰克是一家家具销售公司的部门经理。有一次,他在公司里偷偷获取到一个情报:公司高层决定安排他们部门的人员到外地去处理

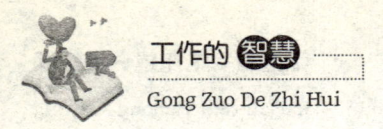

一项难缠的业务事件。他知道这项事务非常棘手,要想处理妥善,并非那么容易的一件事,所以,提前一天告假。第二天,上面安排任务,恰好他不在,便直接把任务交待给他的助手,让他的助手转达。当他的助手打他的手机,向他汇报这件事情时,他便在电话中给他的助手安排了工作,以自己有病为借口,让他顶替自己带一帮人去处理这项事务。处理这项事务的具体操作办法,他在电话中也教给了这位助手。半个月后,事情办砸了,他怕公司高层追究这件事的责任,便以自己告假为由,言称自己不知道这件事情的具体情况,一切都是助手自作主张,带领一帮人去处理的。按他的想法,助手是总裁安排到自己身边的人,出了事,让他顶着,在公司高层面前还有一个回旋的余地,假若让自己来承担这件事的责任,恐怕有被降职罚薪的情况发生。总裁听了助手的具体阐述,对这位经理的人品产生了怀疑,害怕他把这种手段当做惯伎,影响公司的团结和业务发展,所以再也没有给过他一份富有挑战性的工作。

费希尔对同事说:"我们来一场比赛,你负责做旋钉机上磨钉子的工作,把钉子外面一层粗糙磨光,我负责做旋钉子的工作,谁做得最快谁就赢了。"

他的提议立即得到同事的响应,于是他们开始竞争,结果工作效率竟提高一倍,大受老板夸奖,不久他们便升迁了。费希尔后来升为休斯敦机器制造厂的厂长,因为他懂得如何对待工作,与其勉强忍耐,不如用游戏的态度去做。

为什么游戏能吸引人,让人集中精力呢?那是由于参与者朝着同一个目标争夺胜负,赌注的心理占着很大的比例。

第五章 工作是一种信仰
Gongzuo Shi Yizhong Xinyang

因此，参与者才能忘却原来单调的游戏，从中找到乐趣。既然游戏会带来快乐的感受，你为什么不利用这种感受集中精神去面对工作呢？如果你这样做了，而且有同事的参加，则效果会更佳。

比如，和你的同事打个小赌，看谁先完成手中的工作，用赢来的钱去喝杯咖啡什么的。当然，你不能天天都这样做，应设立明确的目标，向自己挑战。这样，你就既不会被时间、地点和场合所限制，又能随时随地地完成工作。同时，把工作成果绘制成进度表，也会使每天的工作更加生动有趣。这样一来，在工作中拥有一份好心情也就易如反掌了。

对于工作，无论从整体或部分中，尝到成功滋味或发现乐趣，都是种快乐的体验，这种体验对于改善工作心情、提高工作意识有很大的帮助。常言说得好，喜欢之后才能熟巧，只要拥有快乐的体验，再苦、再累的工作也会让你集中精神去做。

正确对待自己的工作

　　工作本身没有贵贱之分，但是对于工作的态度却有高低之别。看一个人能否做好事情，只要看他对待工作的态度。天生我才必有用，懒懒散散只会带给我们不幸，贪图安逸、无所事事会令人退化，同样，机会来自于勤奋，机会包含于每个人的人格之中。

　　如果你觉得工作是一种苦役，就会产生抵触的心理，你对工作的热情、忠诚和创造力就无法最大限度地激发出来，你的工作也很难说卓有成效。你只不过是在"过日子"或者"混日子"罢了！

　　倘若如此，你每日所习惯的工作不仅不是合格的工作，而且简直跟"工作"有点背道而驰了！有些人认为只要准时上班，不迟到，不早退，就是完成工作了，就可以心安理得地去领所谓的报酬了。可是，他们没有想到，他们固然是踩着时间的尾巴上、下班，可是，他们的工作态度很可能是死气沉沉的、被动的。

　　那些每天早出晚归的人不一定都是认真工作的人，对他们来说，每天的工作可能是一种负担、一种逃避、一种苦役。他们是在工作中远离了"工作"，不愿意为此多付出一点，更没有将工作看成是获得成功的机会。

第五章　工作是一种信仰
Gongzuo Shi Yizhong Xinyang

我认识许多老板，他们多年来一直在费尽心机地去寻找能够胜任工作的人，他们所从事的业务并不需要出众的技巧，而是需要谨慎、朝气蓬勃与尽职尽责。他们雇请的一个又一个员工，却因为粗心、懒惰、能力不足、没有做好分内之事而频繁遭到解雇。与此同时，社会上众多失业者却在抱怨现行的法律、社会福利和命运对自己的不公。

许多人无法培养一丝不苟的工作作风，原因在于贪图享受、好逸恶劳，把工作看成是苦役，背弃了将本职工作做得完美无缺的原则，当然也就不会从工作中得到应有的乐趣。

努力工作要讲究方法和策略。很多人都把"努力"、"勤奋"当做自己的座右铭，因而整天忙忙碌碌，常年忍受着劳累，但这样就一定能够成功吗？就一定会获得富裕生活所需要的一切吗？

有一个既可以多一些时间享受生活，又可以获得最佳业绩的好方法，那就是：聪明地工作而不是努力地工作。聪明地工作意味着你要学会运用高效率工作的快乐方法，如果一味地忙碌却不知思考少花时间和精力的方法，你就会只出蛮力不出活，整日劳累，又哪里能体会到工作的快乐呢！

人生最大的价值，就是对工作有兴趣。爱迪生说："在我的一生中，从未感觉是在工作，一切都是对我的安慰……"然而，在职场中，像爱迪生那样，对自己所从事的工作充满热情的人并不是太多，他们不是把工作当做乐趣，而是视工作为苦役。早上一醒来，头脑里想的第一件事就是：痛苦的一天又开始了……磨磨蹭蹭地挪到公司以后，无精打采地开始一天的工作，好不容易熬到下班，立刻就高兴起来，和朋友花天酒地之时总不忘诉说自己的工作有多么乏味、多么无

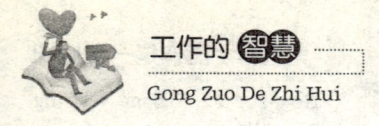

聊。如此周而复始。

有个美国记者到墨西哥的一个部落采访，这天是个集市日，当地土著人都拿着自己的物产到集市上交易。

这位美国记者看见一个老太太在卖柠檬，五美分一个。老太太的生意显然不太好，一上午也没卖出去几个。这位记者动了恻隐之心，打算把老太太的柠檬全部买下来，以便使她能高高兴兴地早些回家。

当他把自己的想法告诉老太太的时候，她的话却使记者大吃一惊："都卖给你？那我下午卖什么？"人生的最大的价值，就是对工作有兴趣。

然而，在职场中，像卖柠檬的老太太那样，对工作充满热情的人并不是太多。有些人抱怨工作本身太枯燥，然而，问题往往不是出在工作上，而是出在我们自己身上。如果你本身不能热情地对待自己的工作，那么即使让你做你喜欢的工作，一个月后你依然会觉得它乏味至极。

其实，工作是一个人价值的体现，应该是一件幸福的差事，我们有什么理由把它当做苦役呢？思科公司的总裁约翰·钱伯斯曾说过："我们不能把工作看作为了五斗米折腰的事情，我们必须从工作中获得更多的意义才行。"我们得从工作当中找到乐趣、尊严、成就感以及和谐的人际关系，这是我们作为职场人所必须承担的责任。即使你的处境再不如人意，也不应该厌恶自己的工作，世界上再也找不出比这更糟糕的事情了。如果环境迫使你不得不做一些令人乏味的工作，你应该想方设法使之充满乐趣。用这种积极的态度投入工作，无论做什么，都很容易取得良好的效果。

第五章 工作是一种信仰

工作是我们要用生命去做的事

工作不是我们为了谋生才做的事,而是我们要用生命去做的事。工作就是付出努力。没有卑微的工作,只有卑微的工作态度,而工作态度完全取决于我们自己。

你在这个世界中将找到什么样的工作?你的工作将是什么?从根本上说,这不是一个关于干什么事和得什么报酬的问题,而是一个关乎生命的问题。工作就是付出努力。正是为了成就什么或获得什么,我们才要专注,并在那个方面付出精力。从这个本质而言,工作不是我们为了谋生才做的事,而是我们要用生命去做的事。

工作是上天赋予的使命。把自己喜欢的并且乐在其中的事情当成使命来做,就能发掘出自己特有的能力。其中最重要的是能保持一种积极的心态,即使是辛苦枯燥的工作,也能从中感受到价值,在你完成使命的同时,会发现成功之芽正在萌发。

如果年轻的厨师想早日使自己的手艺精湛,仅仅想着"我要做美味的料理"就以为能实现心愿,那简直是天方夜谭!如果不只是"要做美味的料理",而是要保持"做美味的料理是上天赐予我的最完美的工作"的念头,料理的手艺就能进步了。为什么呢?因为如果这样

想的话，做菜这件事就会变成一个愉快的事情了。

即使是拥有相同条件的经营者，一个抱持着"个人利益最大化"思想的人与一个"工作是上天赋予的使命，完成使命关系着人类幸福"思想的人，两者所得到的结果将是完全不同的。如果想着"工作是最完美的使命"或"完成这个工作是自己的使命"的话，就不会产生工作是公司委派的任务或因为上司的命令才行动这样的情绪。

一个人的工作，是他亲手制成的雕像，是美丽还是丑恶，可爱还是可憎，都是由他一手造成的。而一个人的一举一动，无论是写一无封信，出售一件货物，或是一个电话，都在说明雕像或美或丑，或可爱或可憎。

一个人所做的工作，就是他人生的部分表现。而一生的职业，就是他志向的表示、理想的所在。所以，了解一个人的工作，在某种程度上就是了解其本人。

如果一个人轻视自己的工作，而且做得很粗陋，那么他决不会尊敬自己。如果一个人认为他工作辛苦、烦闷，那么他的工件决不会做好，这一工作也无法发挥他内在的特长。在社会上，有许多人不尊重自己的工作，不把自己的工作看成创造事业的要素和发展人格的工具，而视为衣食住行的供给者，认为工作是生活的代价、是不可避免的劳碌，这是多么错误的观念啊！

常常抱怨工作的人，终其一生，决不会有真正的成功。抱怨和推诿，其实是懦弱的自白。

工作就是付出努力以达到的目的。最令人满意的工作就是使我们的工作导向我们认为能表现自己的才能和性格的努力。一个人对工

第五章 工作是一种信仰

作所持的态度，和他本人的性情、做事的才能有着密切的关系。要看一个人能否达成自己成功的心愿，只要看他工作时精神和态度就可以了。如果某人做事的时候，感到受了束缚，感到所做的工作劳碌辛苦，没有任何趣味可言，那么他决不会做出伟大的成就。

不论做何事，务须竭尽全力，这种精神的有无可以决定一个人日后事业上的成功与失败。一个人工作时，如果能以火焰般的热忱，充分发挥自己的特长，那么不论所做的工作如何卑微，都不会觉得劳苦。如果我们能以充分的热忱去做最平凡的工作，也能成为最精巧的工人；如果以冷淡的态度去做最高尚的工作，也不过是平庸的工匠。倘若能处处以主动、努力的精神来工作，那么即使在最平庸的职业中，也能增加我们的威望和财富。

在任何情形之下，都不允许对自己的工作表示厌恶。厌恶自己的工作，最终也会遭到工作的厌恶。如果你为环境所迫而做一些乏味的工作，你也应当设法从这些乏味的工作中找出乐趣来。要懂得，凡是应当做而又必须做的事情，总能找出乐趣，这是我们对于工作应抱的态度。有了这种态度，无论做什么工作，都能有很好的成效。

用良好的态度对待工作

当我们回想过去，不难发现，自己在很多时候消极地看待了身边发生的事情，总是生活在谩骂、批评、抱怨和四处发牢骚的日子里，对自己的工作没有丝毫激情，只能在无奈和无尽的抱怨中浪费着自己的生命。

一位心理学家为了实地了解人们对于同一件事情在心理上所反应出来的个体差异，他来到一所正在建设中的大教堂，对现场忙碌的敲石工人进行访问。

心理学家问他遇到的第一个工人："请问你在做什么？"

这个工人很烦躁："在做什么？你没看到吗？我正在用这个重得要命的铁锤，来敲碎这些该死的石头。而这些石头又特别地硬，害得我的手酸麻不已，这真不是人干的工作。"

心理学家又找到第二位工人："请问你在做什么？"

第二位工人无奈地答道："为了每周500元的工资，我才会做这件工作，若不是为了一家人的温饱，谁愿意干这份敲石头的粗活？"

心理学家问第三位工人："请问你在做什么？"

第三位工人眼中闪烁着喜悦的神采："我正参与兴建这座雄伟华

第五章　工作是一种信仰
Gongzuo Shi Yizhong Xinyang

丽的大楼。落成之后，这里可以容纳很多人来工作，虽然敲石头的工作并不轻松，但当我想到，将来会有无数的人来到这儿快乐地工作，心中就感到特别有意义。"

同样的工作，同样的环境，却有如此截然不同的态度。

第一种工人，是完全被动的人。可以设想，在不久的将来，他将不会得到任何工作的眷顾，甚至可能是生活的弃儿。

第二种工人，是麻木的，是为钱而工作的人。对他们抱有任何指望肯定是徒劳的，因为他们抱着只为薪水而工作的态度，为了工作而工作。他们不是企业可依靠和领导可信赖的员工。

该用什么语言赞美第三种人呢？在他们身上，看不到丝毫抱怨和不耐烦的痕迹，相反，他们是具有高度责任感和创造力的人，他们充分享受着工作的乐趣和荣誉，同时，因为他们的努力工作，工作也带给他们足够的荣誉。他们就是我们想要的那种员工，他们是最优秀的员工。

第三种工人，完美地体现了工作的哲学：自动自发，自我奖励，视工作为快乐。相信这样的工作哲学，是每一个团队都乐于极力推广的。持有这种工作哲学的员工，就是每一个企业所追求和寻找的员工。他所在的企业，他的工作，会给他最大的回报。

实际生活中，很多雇员总是对工作怀有一种消极的心态，认为自己只是一个普普通通的员工，只是受老板的雇佣而工作，因而自己应该做的就只是那些与职责相关，并与自己所得薪水相称的工作。这样的工作心态，使得他只盯着分内的那些工作，而不愿额外多做一些，还时常会觉得工作是多么的枯燥无味，不断抱怨老板苛刻，于是连分

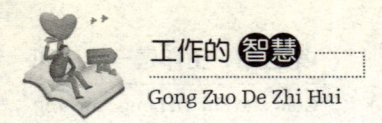

内的那些工作都不努力去做，被动地应付上司分配下来的工作，敷衍了事，得过且过。这类员工是没有任何成功机会的，他们的心态只把自己当作一个员工，为了工作而工作，殊不知，这样的后果是最后连员工都当不成。

要想在职场上有所成就，就应当赶快抛弃这样错误的心态，认识自己可能在职业上发挥的价值。无论你现在做什么，处于哪个职位，薪水是高是低，你都不应该只把自己当作公司中的一个雇员，只是为老板打工。应该像那些在职业上成功的人，把自己看做是公司的拥有者一样工作。

态度决定一切。摆正了你的工作心态，你就成为了公司活跃的一份子，那就意味着你对工作是看重的，是积极诚恳的，总是在负责任地为公司着想，主动为老板排忧解难。如果人人都能做到这一点，任何一个公司都会发生很显著的变化，蓬勃发展也是指日可待，至少你会发现，当每个人都在工作上多做一些小事时，公司会在资源的消耗上省下一大笔资金。如果你很好地做到了，你的老板就会发现你对公司的价值并不仅仅限于一名雇员，因为你的所作所为已经超出一名雇员的职责和贡献，你的敬业态度可以为公司带来无形的价值，你可以有机会进入公司的管理层，最重要的是你身上有成为老板的潜力和气质。

拥有这样的心态，你面对工作的时候就会获取比别人更多的乐趣。你早出晚归地努力工作，做出比别人更好更多的产品，你身边的人，尤其是你的老板会对你另眼相看。

既然"只把自己当作雇员"的心态是消极有害的，那么应该以怎

第五章　工作是一种信仰
Gongzuo Shi Yizhong Xinyang

样的心态来对待工作呢?答案是：良好积极的心态。

出色地完成每一项工作

当一个人因为能把一件事情做得尽可以完善而激动不已的时候，当一个人安静地欣赏着自己所做的一切而心满意足的时候，这是真正的永远的快乐，这是一种真正的成功。这种成就感可以促使你的各种才能得到最充分的发挥。

一旦力求至善的精神主宰了一个人的心灵，并且是渗透进一个人的个性中，它就会影响一个人的行为和气质。这对于他们来说，没有什么比圆满地完成一项工作，看着一件完美的作品更加令人心神愉快，更加令人感到满足的了。

如果我们还没有严格要求自己，处事马马虎虎，如此下去，自我谴责的良知就会泯灭，然后马马虎虎地工作对我们来说就不再可怕了。以至于有一天我们会忽然发现，自己养成了懈怠工作的习惯。我们习惯于敷衍了事而不会感到心里上的不安。如果这个习惯没有得到及时地纠正，长此以往，我们就失去了坚定的意志，而工作的态度也是日渐消沉。我们所做的每一件事情都不再是追求完善和完美，同时，懈怠的行为也助长了不诚实的态度。这样做的后果是可以想象的。

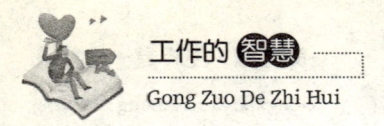

如果你在工作之初就下定决心，一定要出色地完成每一项工作，决不半途而废。有了这个决心，你就会全身心地投入工作，你所做的工作就是你个性的体现，你也就不必为了工作机会而烦恼和担心。

做事善于坚持，善始善终，既能磨练一个人的个性，又能使人得到成功和幸福。相反，做事半途而废的人肯定会失败。我们所做的事情可能被世人所瞩目，也可能是无人知晓，但也对我们并没有什么实际上的影响，当我们完成一项工作的时候，我们从自己的内心深处会说："这是由我完成的一项工作，而且是一项完美和完善的工作！"如果你是这样想的，你的成功就能够被事实所证明；当我们半途而废、敷衍了事的时候，我们却只能得到失败的结局，这不仅仅是你工作的失败，在别人的眼里，也是缺少意志的表现。

无论你从事何种工作，一定要全力以赴、一丝不苟。能做到这一点，就不会为自己的前途操心。世界上到处有散漫粗心的人，那些善始善终的人始终是供不应求的。

同样的工作，在不同员工的眼里被赋予了不同的内容，同样也就赋予工作以不同的价值。只有那些优秀的员工才能自动自发地增加工作的内容，所做远远超过领导的预期。这样的话，他在增加工作内容的同时，也就增加了自己的价值。

准时、保质地完成各项工作是领导对下属最基本的期望。再没有比工作拖拉、延误公司大的行动更让领导恼火的了。所以，作为下属一定要注意这个问题。在接受任务时，心里要有个时间概念，如果估计不能准时完成，要立即向领导提出支援请求，投入更多的资源来确保任务的及时完成。一旦接受任务，就要全力以赴，保证目标实现。

在条件可能的情况下，尽量提前完成任务，提交工作成果。毕竟我们提前完成的工作成果未必就是完全符合领导要求的，我们提前提交工作成果就为领导留下了更充裕的调整时间，也留出了足够的时间进行协调。

如果你在平常工作中，总能提前完成任务，就意味着你能够履行更艰苦的任务、担当更重要的职位，那么领导对你委以重任就会为期不远了。

要想把自己的本职工作做到最好，并不在于自身的才华有多高，而在于这个人是否真正的用心去做这件事。当他全身心地投入这件事时，做好也只是时间的问题。

小马大学毕业后到一家广告公司工作，报到的那一天，他对经理说的第一句话是要求专业对口，而且"充分注意到我的特长"。这位在大学美术系专业成绩不错的人，坦率地要求要到广告设计部门工作，这才能发挥他的优势。

可是，公司经理首先让他到业务部门实习，过了试用期后再决定。小马听了以后很不开心，认为到业务部门难以发挥他的特长，因而到了业务部门后，他既不安心工作，又不虚心学习，结果给人留下了"工作态度差，能力欠缺"的印象。

许多刚参加工作的人容易犯一个"毛病"就是好高骛远，忽视做"打水扫地"这样零碎的工作，认为这是"大材小用"，老想做大事，结果经验缺乏，常常碰壁。实际上，人的特长应当成为适应环境的"催化剂"，而不该成为挑剔工作的"资本"。

有一位成功者这样说道："用心将自己的本职工作做好，不管运

用什么方法，总是为客户着想，为公司着想，尽量让客户享受到最优质的服务，让公司获得最大化的价值。"这句话体现了一个员工对工作的责任、热情和负责的良好职业精神。

魏诚和张立同在一家公司工作。魏诚工作认真负责，很是用心，几乎不浪费公司一分钟，而且还积极加班加点。张立则敷衍了事，得过且过，漫不经心，工作中偷懒是常有的事，虽然他工作能力比魏诚还强，但是他总是不用心去做，因此工作中的失误接连不断，给客户更给公司造成了重大损失。后来老板再也无法忍受这种空有一腹才华却毫不用心的人，毅然辞退了张立，留下了才能一般却工作认真、用心的魏诚。

这个例子正好给我们说明了，在职场当中，才能是工作中非常重要的因素，也是老板很看重的一个方面，但是否用心去做事也是老板衡量一个人是否优秀的重要准则。职场中有很多员工，他们总是抱着"难得糊涂"的心态做事，凡事讲究过得去就行，而从来不去追求完美。其实，这是不用心的表现。一个用心工作的人总能站在公司的立场去做事，他会尽心尽力将工作做到最好，他会想方设法为公司节省每一笔开支，力求用最小的投资换来最大的价值。

超越自我

哲人赛勒西斯曾说："要达到最高的地方，首先需要发现自己，然后需要挑战自己，把自己投入到无限的奋斗中去。"任何人的生存与成功，都需要信念的力量，需要拥有超越自我、超越困难的勇气。

强者之所以为强者，是因为他们在逆境中不逃避困难，而是勇于挑战困难，凭借自己的坚韧毅力和智慧，在困难面前愈战愈勇，最终克服困难、超越困难、超越自我，使自己变得更强。

没有经历过苦难的生命是不完整的，苦难能成全人生。当你身处逆境，几近绝望的时候，请你要相信：困难是不可避免的，成功的"康庄大道"只是一个神话，逆境是我们通向明天幸福所必须经过的考验和磨练，我们只要用心面对现实的一切，就能进入一片新的天地。我们都是独立自主的现代人，从不怀疑自己的能力。那个激进的心潜藏着进取的干劲和顽强的精神，没有什么能阻挡它的发展。

俗话说："与其临渊羡鱼，不如退而结网。"风光背后总有坎坷和辛酸，荣耀只在最努力的双手中停留。我们何苦待在一旁，酸涩地羡慕着别人的光辉？不经一番寒彻骨，哪得梅花扑鼻香？

行动起来，为自己的未来努力，为自己的成功而不断拼搏、不断

奋斗、只有挑战,才能走向成功的殿堂。西点教官乔布伊指出:"在面对困难时,我们应该毫不畏惧、迎难而上,去挑战困难,从挑战困难中挑战自我,提高自己,从而克服困难、超越困难、超越自我、超越平庸,飞跃生命之巅峰。"从逆境中奋起靠坚定的意志和决心,穿越一切障碍和困境,不断拼搏,不因为疲倦和失败停止前进的脚步,这样我们才能战胜一切,从逆境中脱颖逃生,最终获得幸福的奖赏。

无论何种环境下,困难、窘迫和痛苦总是存在的。沿着平坦的大路走下去,你永远也找不到尽头,只能花一生的时间不停地走,最终忙碌一生;而如果你选择了那条布满荆棘、充满了困难的道路,那你就要坚定不移地走下去,只有这样才能最后得到上帝给我们的奖赏。

一个人一旦满足自己目前获得的成就,便失去了继续前进的动力,不再追求更高的目标。而在这个竞争日趋激烈的社会,不前进便意味着后退,就可能被无情地淘汰。一旦你停止前进,便会被别人所赶超。

在企业中,我们永远需要最好的领导者,需要永远前行的军人,而不是拥有一点成绩便沾沾自喜的"骄傲的将军"。他们要求自己不断的去挑战危险,这样才能不断的提高。所以,对于他们来说,一生都是在接受挑战。

为此,一位优秀员工在他的日记中写道:

当我们渐渐长大,生活中的酸甜苦辣于渐行渐远间灌注心灵的每一个角落,偶然回头,我们才知道自己已不再那么清纯。儿时的记忆如今已是我们饭后的谈资,更可以成为我们嘲笑自己的理由,但我们永远都无法否定那时那个最真实的自己。

第五章 工作是一种信仰
Gongzuo Shi Yizhong Xinyang

今天的我们已经长大，也渐失了儿时的纯真，我们学会了掩饰，学会了让自己在更巧妙的回旋中适应这个社会，在不知不觉中变换了最清晰的色彩。迷蒙的，模糊的……我们是谁？我们该以怎样的姿态出现，这似乎才是更值得我们加以推敲、加以雕饰的。是世界变了还是我们变了，没有人能说清楚。

可是我们终究需要让自己休憩、回想、面对，面对那个最真实的自我。因为许多时候我们无法背叛自己的意志，无法逃脱心灵的指引，所以，我们的路更多的时候是自己心灵轨迹的真实再现。

敢于超越自我，就是敢于面对真实的自我，不是让我们回到从前，而是让我们在生活的道路上，认清自己、承认自己、悦纳自己、相信自己、造就自己。在主动中把握好自己的人生，而不是被心灵的消极因素左右自己的命运。我希望我们都能成为自己的主宰，因为，这是主宰世界的决定因素，是我们成功的决定因素。

世界是客观的，我们是主观的，因为主客观的相对性，我们只有面对真实的自己，查漏补缺，以最积极的姿态步入人生的舞台才不会在危难时怯场，在得意时忘形。

敢于超越自我，就是敢于面对真实的自我，但这需要勇气，也需要智慧，二者缺一不可。我希望我的读者能在此书中找到它们，并用它们剖析自己思想和心灵的隐暗处，在人生的最高境界放射自己最具魅力的光芒。

在职场中，没有常胜将军，哪怕你是第一，你也面临更多的挑战。这样的挑战来自于他人，同样也来自于自己。

要知道，山外有山，天外有天。在当今世界，竞争没有疆界，

你应该开放思维，站在一个更高的起点，给自己设定一个更具挑战的标准，才会有准确的努力方向和广阔的前景，切不可做井底之蛙，满足于目前的成就。因为一个人的潜力是无限的，我们只要不断提升自己的意识，就完全可以做到自我超越。对于一粒沙而言，它是自己的全部，却是沙漠的一颗尘埃；对于一滴水而言，它是自己的世界，却是大海的一点泪珠；对于我们自己而言，我们是自己的天地，却是人群中的一个平凡人。我们的平凡构筑了这个世界，共同创造了伟大的人类历史，推动了社会的进步，任何人的单一的力量都无法做到这一点，所以，我们需要知道我们的微不足道，在任何时候都低调一点。

最后请记住：只有敢于挑战困难的人，才是最优秀的人；只有敢于超越自我的人，才是最有前途的人。鼓起勇气挑战困难，克服困难，成为竞争中永远的胜利者！挑战自我，超越困难，超越自我，飞跃自我的"巅峰"，实现人生的最大价值！伴着挑战困难的号角，再次出发吧！

第五章 工作是一种信仰
Gongzuo Shi Yizhong Xinyang

把事情做得更好

没有最好，只有更好。

一个人应该有认识自己的意识和能力。因为我们的生活是复杂多变的，认识自己，面对真实的自我，承认自己的优势和不足是我们进军现实世界的基础和出发点。当我们意识到我们的优势时，我们可以更恰当的选择自己的生活方式，给自己一个恰当的定位。

随着科技力量的兴起，许多关于人的八大智能的测试也应运而生，但我们是否可以不用这种方法就可以明白自己的优势与劣势之所在，并确定自己的发展方向呢？可以，只要你善于思考，善于反省。

反省是人类提高自己的能力，重新认识自己的有效途径。善于思考和反省的人有对自己思想的更新能力，他们会随着自己在生活中的经历不断校正自己的航向，渐趋完善自己，充实自己，让自己成为一个完美的人。更可贵的是善于反省自我的人有勇气面对自己的缺点，敢于剖析自己的灵魂，能够认识到自己的不足并在必要的时候放下自己的面子，在别人面前承认自己的错误，这样的人是可贵的人，是真实的人，是成功的人。

这正如张其金所说："一个人应该有认识自我的能力，这是必要

的，也是必需的，没有这种能力，就很难找到自己的位置，也就很难有所成就。所以，我们都应该学会认识自己，剖析自己，明确自己的方向，面对真实的自我。"

被誉为"20世纪最杰出的CEO"杰克·韦尔奇说："我们发现，只要我们敢于朝着那些看似不可能的目标不懈努力，最终往往会如愿以偿。哪怕我们最后没有实现这一目标，我们也会发现，最终的结果肯定远远比我们预想的要好得多。"

韦尔奇有一个习惯，当下属向他汇报下一年度工作指标的时候，他会告诉对方：把你的目标乘以二然后去做吧！

追求"不可能"的目标，对企业而言是极具深远意义的，它将促使员工工作更加努力，企业更加卓尔不凡。

如果用最高的标准来主动地要求自己，则任何事情都能够做到最好。工作的意义在于把事情做到尽量完美，而不是做五成、六成的低标准；甚至到最后完全走形而面目全非，应以最高的标准来要求自己。